STARK

RATGEBER SCHÜLER

Sibylle Kroll

Richtig Lernen

Tipps und Lernstrategien für die Mittelstufe

STARK

Bildnachweis
Umschlagbild: © PhotoAlto, Laurents Hamels
S. 1: © NASA, John F. Kennedy Space Center, Florida
S. 13: © Fossil Europe GmbH 2000
S. 23: © Texas Instruments Deutschland GmbH
S. 34 und 35: © SKW Trostberg AG, Postfach 1262, D-83303 Trostberg
S. 37: © Arne Eggebrecht
S. 47: © Fotoagentur Sven Simon
S. 79: © zefa, Index Stock, 245401a, Todd Powell

Der Verlag war bemüht, die Urheber der abgedruckten Abbildungen ausfindig zu machen.
Wo dies nicht gelungen ist, bitten wir diese, sich ggf. an den Verlag zu wenden.

ISBN: 3-89449-484-0

D-85318 Freising · Postfach 1852 · Tel. (08161) 1790

Inhalt

Fortsetzung siehe nächste Seite

Autorin: Sibylle Kroll
Illustrator: Aleš Vrtal

Vorwort

Liebe Schülerin, lieber Schüler,

beim Lernen ist es ein bisschen wie beim Snowboard-Fahren: Ohne die richtige Technik oder Anleitung wirst du erst nach unzähligen, mühevollen Versuchen ein halbwegs passables Ergebnis erzielen. Um dich in deinen Bemühungen zu unterstützen, werden in diesem Buch **effektive Lerntechniken** vorgestellt, mithilfe derer du dein **Arbeitsverhalten optimieren** kannst. Es enthält zahlreiche Tipps zur:

- Überwindung von Anlaufschwierigkeiten beim Lernen,
- Gestaltung äußerer Arbeitsbedingungen,
- Verbesserung deiner Gedächtnisleistung,
- Erledigung von Hausaufgaben,
- erfolgreichen Mitarbeit im Unterricht,
- Prüfungsvorbereitung.

Kurze, überschaubare Kapitel bieten **vielfältige Anregungen** zu diesen und weiteren Themen. Die einzelnen Einheiten sind so aufgebaut, dass du sie jeweils innerhalb weniger Minuten durcharbeiten kannst. Du musst dabei nicht in der vorgegebenen Reihenfolge vorgehen. Suche anhand des Inhaltsverzeichnisses die für dich persönlich bedeutsamen Informationen heraus und beginne dort. Wichtig ist allein, dass du die jeweils angeführten Tipps in die **Praxis** umsetzt. Denn auch durch das Studieren eines Handbuchs lernst du noch lange nicht Snowboard-Fahren: Du musst es selbst ausprobieren!

Ich wünsche dir effektive und erfolgreiche Arbeit mit diesem Trainingsband.

Sibylle Kroll

Durchstarten: Vermeidungsverhalten abbauen, Motivation stärken

Der Lockruf des Kühlschranks

Er lümmelt neben dir am Schreibtisch, die Beine lässig auf der Arbeitsplatte drapiert. Er grinst frech aus dem Monitor deines Computers und verspricht dir den heutigen Highscore im neuen Computerspiel. Er treibt dich unnachgiebig zum Kühlschrank: Nur noch schnell 'ne Schokolade holen! Er säuselt dir ins Ohr: Verschieb den Hausaufsatz doch auf morgen! Wo du auch bist, er verfolgt dich wie dein eigener Schatten. Vom vielzitierten „inneren Schweinehund“ ist hier die Rede.

Zugegeben, es ist nicht immer leicht, seinen Verlockungen zu widerstehen! Doch durch eine Reihe von einfachen Maßnahmen kannst du für einen leichteren Einstieg in die Arbeit und deren erfolgreichen Verlauf sorgen:

- **Störquellen abschalten! Entscheide dich bewusst fürs Lernen!**
  Der Monitor flimmert, das Radio im Hintergrund plärrt und das Handy auf dem Schreibtisch meldet sich schrill zu Wort. Wer ist schon in der Lage, trotz allem in stoischer Ruhe seine Aufgaben zu erledigen? Sorge für eine ruhige und störungsfreie Arbeitsatmosphäre.

- **Befreie deinen Schreibtisch von allem, was nicht mit deiner aktuellen Arbeit zu tun hat!**
  Manchmal hat es ja den Touch von genialischem Chaos, wenn sich Computerzeitschriften, Comics, welke Arbeitsblätter, angebissene Zwischensnacks und einsame Schulbücher zu einem schrillbunten Stillleben komponieren. Aber stell dir doch mal vor, wie viel Zeit du einsparst, wenn du deine Unterlagen mit einem Griff parat hast!

- **Schaffe eine für dich angenehme Arbeitsatmosphäre!**
  Wenn du immer öfter die unerklärliche Abneigung verspürst, dich an deinen Arbeitsplatz zu begeben, überlege einmal: Vielleicht lässt sich dein Arbeitsplatz durch kleine Veränderungen zu einem anziehenden Ort aufpeppen: durch eine neue ansprechende Pinwand oder Magnettafel, eine neue Schreibtischunterlage, eine bessere Beleuchtung.

- **Portioniere die zu erledigenden Aufgaben!**
  Wähle klare, überschaubare Arbeitseinheiten. Nach deren Beendigung kannst du dir getrost auf die Schulter klopfen. Am besten, du notierst die jeweiligen Portionen vor Arbeitsbeginn auf kleinen Zetteln: Englisch-Vokabeln lernen, Matheaufgaben erledigen, Deutsch-Lückentext ausfüllen, die du nach deren Erledigung wegwirfst. So behältst du immer den Überblick über dein Vorankommen.

- **Gönne dir nach Beendigung einer Lerneinheit eine kleine Pause!**
  Pausen verringern die Fehlerhäufigkeit, halten wach und bei Laune. Außerdem unterstützen sie den Lernprozess (vgl. auch S. 16 f.).

- **Beginne mit einer angenehmen, nicht zu schwierigen Aufgabe!**
  Widmest du dich gleich zu Beginn widerwillig den verhassten Matheaufgaben, ist der erste Frust schon vorprogrammiert. Viel motivierender wirkt es sich dagegen auf die weitere Arbeit aus, wenn dir der Einstieg leicht fällt und Spaß macht.

- **Beende deine Arbeit mit einer für dich erfolgreichen Tätigkeit!**
  Auf diese Weise behältst du das Arbeiten in positiver Erinnerung.

- **Belohne dich am Ende einer Lernperiode!**
  Die Aussicht, sich nach getaner Arbeit den neuesten, mit elf Oskars preisgekrönten Kinohit zu gönnen, ist weit beflügelnder, als an einem grauen Herbsttag im stillen Kämmerlein Trübsal zu blasen. Mit einer erfreulichen Perspektive geht die Arbeit viel leichter von der Hand – oder?!

„Wo bleibt meine Zeit?“ – Erfolgreiches Zeitmanagement

„Jetzt hast du sooo lange gearbeitet und bist immer noch nicht fertig, das gibt's doch nicht!“ – Väter haben gut reden! Hast du auch manchmal das ungute Gefühl, dass du nicht mehr Herr deiner Zeit bist, weil die sich hinterrücks irgendwohin verdrückt hat, während du als der Betrogene noch immer über deinem Hausaufsatz brütest? Na gut, ein paarmal hast du deinen Arbeitsplatz zwar verlassen, aber eigentlich warst du guten Willens – ehrlich!

Der folgende Selbstbeobachtungsbogen hilft dir, eine Bilanz über dein tatsächliches Arbeitsverhalten aufzustellen. Eine solche Bestandsaufnahme ist der erste Schritt zu einem erfolgreichen Zeitmanagement:

- **Trage deine Arbeitszeiten ein!**
  Wann arbeitest du für welches Fach? Bemühe dich um exakte Zeitangaben.

- **Halte alle Unterbrechungen darin fest!**
  Ob du dir mal eben schnell einen Tee kochst, das stille Örtchen aufsuchst oder vom Schreibtisch aufspringst, weil das Telefon verheißungsvoll läutet – alle Aktivitäten, die deine Arbeit unterbrechen, notierst du im folgenden Plan in den mit „U“ gekennzeichneten Spalten.

- **Notiere darin deine Termine!**
  Halte fest, wie viel Zeit du benötigst, um feste Termine wahrzunehmen.

Selbstbeobachtungsbogen

Uhrzeit	Mo	U	Di	U	Mi	U	Do	U	Fr	U	Sa	U
8.00 – 8.30 8.30 – 9.00												
9.00 – 9.30 9.30 – 10.00												
10.00 – 10.30 10.30 – 11.00												
11.00 – 11.30 11.30 – 12.00												
12.00 – 12.30 12.30 – 13.00												
13.00 – 13.30 13.30 – 14.00												
14.00 – 14.30 14.30 – 15.00												
15.00 – 15.30 15.30 – 16.00												
16.00 – 16.30 16.30 – 17.00												
17.00 – 17.30 17.30 – 18.00												
18.00 – 18.30 18.30 – 19.00												
19.00 – 19.30 19.30 – 20.00												
20.00 – 20.30 20.30 – 21.00												
Tatsächliche Arbeitszeit												
Summe der Unterbrechungen												

Eine Woche lang führst du über deine Aktivitäten Protokoll. Das Formular findest du im Anhang (S. 95). Auf diese Weise erhältst du eine genaue Bilanz über dein Lern- und Arbeitsverhalten. Überlege dir in einem zweiten Schritt, was du verändern kannst:

- Wo solltest du Prioritäten setzen, also bestimmten Aktivitäten den Vorrang vor anderen geben?
- Welche Unterbrechungen lassen sich vermeiden?
- Welche Aktivitäten kannst du streichen, da sie weder nützlich noch angenehm sind?

Frust durch Motivationskiller: Selbstbild und Lernerfolg

Motivationskiller: Mit ihren Attacken auf unser Selbstwertgefühl hindern sie uns häufig daran, die Arbeit in Angriff zu nehmen.

Denke an ein Sorgenfach und kreuze die auf dich zutreffenden Antworten an:

- ☐ Das Fach ... liegt mir eben nicht.
- ☐ Das Fach ... ist langweilig.
- ☐ Im Fach ... werde ich nie den rechten Durchblick haben.
- ☐ Ich glaube, mein Lehrer/meine Lehrerin hält nicht viel von meinen Fähigkeiten im Fach ...
- ☐ Den Stoff aus dem Fach ... brauche ich sowieso nie wieder.
- ☐ Egal, wie viel ich für das Fach ... tue, ich schneide sowieso nicht besser ab.

Hast du mehr als ein Kreuz gemacht? Dann wird es Zeit, einige hartnäckige Motivationskiller an die Luft zu setzen, die sich in deinem Kopf eingenistet haben. Stell dir vor, du stehst auf einer schwierigen, steilen Skipiste und blickst mit flauem Gefühl im Magen nach unten. Durch den Kopf schießen dir Gedanken wie: Da komme ich nie runter! Wie werde ich mich blamieren, wenn ich da runtereiere! Skifahren ist sowieso nicht mein Ding! Klar, dass du mit einer solchen Einstellung entweder deine Ski abschnallst oder tatsächlich eher schlecht als recht den Berg hinunterfahren wirst. Negativerwartungen wie die geschilderten verderben nicht nur den Spaß an der Sache, sie beeinflussen auch maßgeblich den Erfolg. Wenn der Glaube an deine Fähigkeiten in einem Fach ohnehin schwer erschüttert ist, wirst du dich wohl kaum mit Feuereifer ans Lernen machen. Die Konsequenz ist, dass der erwartete Misserfolg mit hoher Wahrscheinlichkeit auch eintritt. Arbeite an deiner eigenen Einstellung zum Lernen:

- **Glaube an deine eigenen Fähigkeiten!**
  Gemeint ist damit nicht, dass du dir nur locker einzureden bräuchtest: „Ich bin die Größte/der Größte!“ Jeder hat Stärken und Schwächen. Aber das muss ja nicht ewig so bleiben. Wenn du eine positive Einstellung gegenüber deinen eigenen Fähigkeiten erwirbst, steigt auch deine Leistungsfähigkeit.

- **Setze dir realistische Ziele!**
  Willst du in deinem Sorgenfach von Note „Fünf“ auf „Zwei“ kommen, arbeite dich auf der Erfolgsleiter schrittweise nach oben.

- **Feiere deine persönlichen Erfolge!**
  Orientiere dich dabei nicht an den Maßstäben anderer. Wenn du dich in einer Klassenarbeit von einer „Fünf“ auf die Note „Vier“ verbesserst, ist das dein persönlicher Erfolg und ein erster wichtiger Schritt auf dem Weg zum Erfolg. Da darfst du dir als Belohnung schon mal was Besonderes gönnen!

- **Gib den Motivationskillern keine Chance!**
  Sobald dir Motivationskiller in den Sinn kommen, verweise sie entschieden in ihre Schranken. Versuche sie stattdessen in positive Meinungen über dich selbst umzuformen: „Ich habe im Moment ein Problem in Mathematik, aber ich werde mir Hilfe holen, indem ich Mathegenies frage, Lehrer interviewe oder gute Lernhilfen besorge.“

- **Versuche Interesse für deine ungeliebten Fächer zu entdecken!**
  Du stellst zwei identische, mit Wasser gefüllte Kunststoffbecher in die Tiefkühltruhe. Einer der Becher enthält heißes Wasser, der andere dagegen kaltes. In welchem der beiden Behälter wird das Wasser schneller gefrieren? Erstaunlich, aber wahr: Das heiße Wasser erstarrt rascher zu Eis (Erklärung siehe S. xx im Anhang). Wie am Beispiel dieser physikalischen Gesetzmäßigkeit lassen sich viele zunächst abstrakt erscheinende Stoffe mit ein wenig Fantasie in Bezug zum täglichen Leben setzen. Das macht die Sache doch schon viel spannender!

- **Nimm täglich eine Kleinigkeit in Angriff!**
  Nach dem Motto „Es ist nie zu spät, packen wir's an!“ kannst du täglich einen konkreten Schritt zur Veränderung deines Lern- und Arbeitsverhaltens unternehmen: jeden Tag fünf Vokabeln wiederholen (das macht immerhin fünfundzwanzig Vokabeln pro Woche!), jeden Tag eine Matheaufgabe zusätzlich erledigen oder alle zwei Tage ein wichtiges Grammatikkapitel studieren. Nur so bleibt es nicht bei den berühmten Vorsätzen.

Null Bock auf Lernen: Ursachen und Gegenmaßnahmen

Findest du alles, was mit Schule zu tun hat, nur noch ätzend? Dann hat es dich wirklich arg erwischt!
Aber bedenke: **Du** hast es maßgeblich in der Hand, ob Lernen zur Qual wird oder vielleicht sogar ein bisschen Spaß macht. Allein auf deine Einstellung kommt es an.

Überlege einmal ganz nüchtern, wo du ansetzen kannst:

Ursachen für Unlust …	… und was du dagegen tun kannst
Abneigung gegenüber dem Lernstoff	**Überlegen:** Wo kann ich den Lernstoff im täglichen Leben anwenden? **Beispiel:** Fremdsprache lebendig erfahren durch Auslandsaufenthalt, Brieffreundschaft mit Muttersprachler
Abneigung gegenüber dem Lehrer/der Lehrerin	Dich trotzdem zur Mitarbeit überwinden: dies wird ihn/sie wohlwollend stimmen
Angst vor Misserfolg	Negative Einstellung dir gegenüber ändern, Motivationskiller aufspüren
Schlechte Beurteilungen, schlechte Noten	Trotzdem nicht aufgeben, gezielt an den eigenen Schwächen arbeiten, realistische Ziele setzen, nicht mit anderen vergleichen, auch auf kleine Erfolge stolz sein
Stress durch gefühlsmäßige Belastungen	Probleme vor der Arbeit klären, begrenzten Zeitraum dafür festlegen, mögliche Problemlösung kurz notieren, bis Beendigung der Arbeit auf Eis legen
Zu viel Stoff	Stoffberg in Arbeitsetappen von 15 bis 30 Minuten portionieren, dazwischen gezielte Pausen einlegen, kleine Zwischenbelohnungen setzen (kurz Musik hören, kleine Zwischenmahlzeit), Arbeit langfristig planen (Wochenplan)

Und hier noch ein wichtiger Tipp: Ob du dich nun zur Arbeit entschlossen hast oder nicht, triff deine Wahl bewusst und stehe dann zu deiner Entscheidung! So kannst du konzentriert arbeiten oder aber mit gutem Gewissen einer Freizeitbeschäftigung nachgehen. Ein Großteil des Drucks, der auf dir lastet, fällt so von dir ab und nach einer bewussten Entspannungsphase wirst du wieder mit Elan an die Arbeit gehen können. Selbstvorwürfe verderben nicht nur die Stimmung, sondern behindern dich auch bei der Arbeit. Du darfst sie also getrost über Bord werfen.

Ein schwieriger Vertragspartner: Der Lernvertrag mit dir selbst

„Ich sollte wirklich mehr tun!" „Das nächste Mal strenge ich mich mehr an!" „Ab jetzt werde ich regelmäßig lernen!" „In der nächsten Prüfung muss ich besser abschneiden!" – Wer kennt sie nicht, die guten Vorsätze! Aber wie schnell fliegen sie über Bord, wenn der strahlend blaue Himmel draußen bestes Freibadwetter verspricht, der Fernsehfilm, den man sich schon immer reinziehen wollte, ausgerechnet heute wiederholt wird und ... Anfangen, ja! Aber doch nicht unbedingt heute! So bleibt es nicht nur bei guten Vorsätzen:

- **Reserviere dir täglich eine feste Zeit für Wiederholungen, zusätzliches Üben oder das Aufarbeiten von Lücken!**
  Es muss nicht lange sein, täglich zehn, zwanzig intensive Minuten genügen, um den Grauzonen im Stoff zu Leibe zu rücken. Halte dir diese Zeit jedoch strikt frei von anderen Verpflichtungen oder Freizeitbeschäftigungen!

- **Arbeite lieber regelmäßig kurz als sporadisch und lange!**
  Beschäftigst du dich täglich nur zehn Minuten zusätzlich mit deinem Problemfach, ist der Lerneffekt größer, als wenn du sporadisch, einmal in drei Wochen, stundenlang paukst. Außerdem fällt es dir bestimmt leichter, dich mit deinem Sorgenfach zu befassen, wenn die dafür vorgesehene Zeit überschaubar und klar begrenzt ist!

- **Überlege vor dem Arbeiten genau, welchen Stoff du vertiefen bzw. dir gezielt aneignen willst!**
  Ein vages „Ich sollte mehr für Englisch tun!" mag zwar dein Gewissen beruhigen, es ist aber kaum geeignet, Lücken gezielt in Angriff zu nehmen. Erstelle eine Liste, in die du so konkret wie möglich einträgst, welchen Stoff du dir erarbeiten möchtest: Wiederholung des Wortschatzes Lektion 1, Bildung und Anwendung des *Conditionals I* und *II* im Englischen.

- **Erstelle einen Zeitplan, wann du welche Stoffgebiete erarbeitest!**
  Nimm dir nicht zu viel vor, sondern setze dir erreichbare Ziele! Wichtig ist, dass du deinen Plan einhältst und keine faulen Ausreden gelten lässt. Natürlich kommt es vor, dass unvorhergesehene Dinge wie Krankheit oder überraschender Besuch deinen Plan einmal durchkreuzen. Für solche Fälle solltest du von Anfang an Pufferzeiten mit einberechnen: ein bis zwei Zusatztage, durch die du unerwartete Verzögerungen wieder wettmachst.

- **Fixiere deine Vorsätze am besten schriftlich in Form eines Lernvertrages!** Damit du dich an deine guten Vorsätze erinnerst, kannst du dir einen Lernvertrag über den Schreibtisch pinnen. Kopiere, vergrößere und fülle ihn aus (siehe Anhang, S. 96).

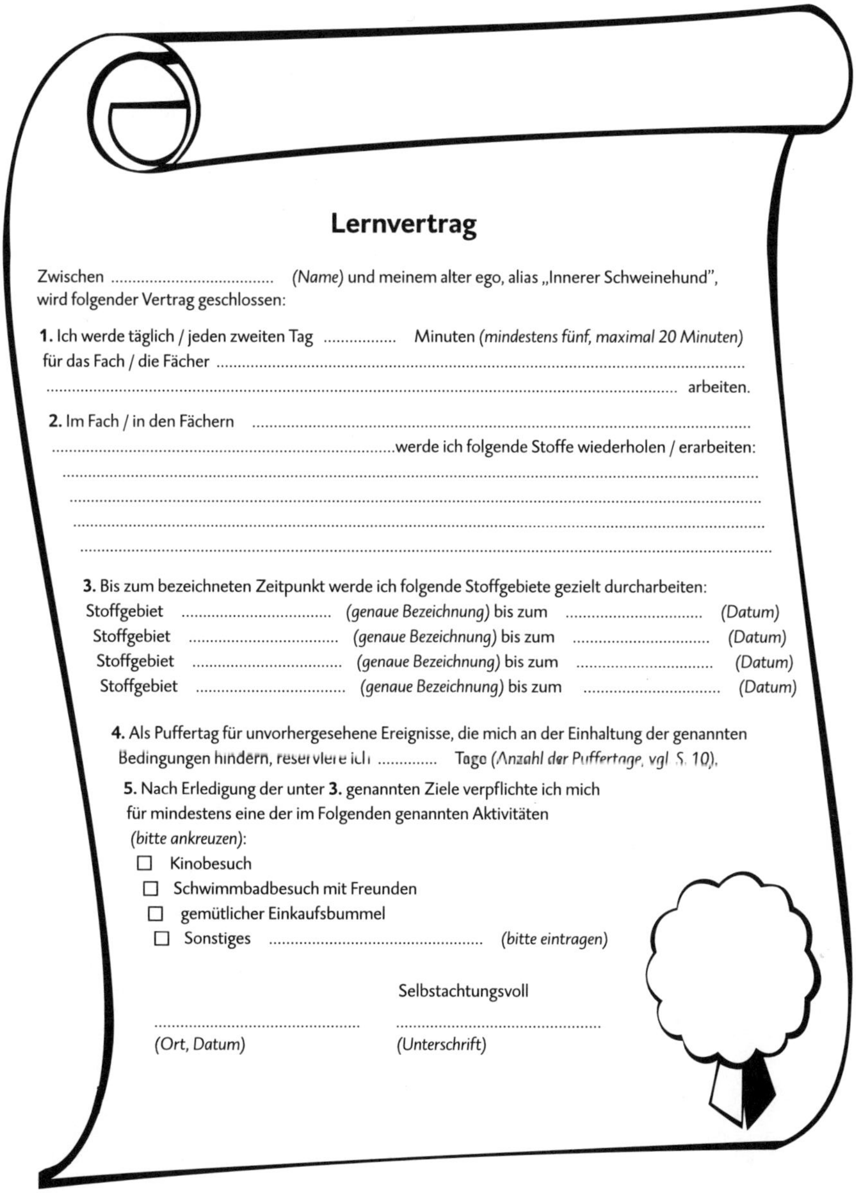

Lernvertrag

Zwischen .... *(Name)* und meinem alter ego, alias „Innerer Schweinehund", wird folgender Vertrag geschlossen:

1. Ich werde täglich / jeden zweiten Tag .... Minuten *(mindestens fünf, maximal 20 Minuten)* für das Fach / die Fächer .... arbeiten.

2. Im Fach / in den Fächern ....werde ich folgende Stoffe wiederholen / erarbeiten:
....
....
....
....

3. Bis zum bezeichneten Zeitpunkt werde ich folgende Stoffgebiete gezielt durcharbeiten:
Stoffgebiet .... *(genaue Bezeichnung)* bis zum .... *(Datum)*
Stoffgebiet .... *(genaue Bezeichnung)* bis zum .... *(Datum)*
Stoffgebiet .... *(genaue Bezeichnung)* bis zum .... *(Datum)*
Stoffgebiet .... *(genaue Bezeichnung)* bis zum .... *(Datum)*

4. Als Puffertag für unvorhergesehene Ereignisse, die mich an der Einhaltung der genannten Bedingungen hindern, reserviere ich .... Tage *(Anzahl der Puffertage, vgl. S. 10)*.

5. Nach Erledigung der unter **3.** genannten Ziele verpflichte ich mich für mindestens eine der im Folgenden genannten Aktivitäten *(bitte ankreuzen)*:

☐ Kinobesuch
☐ Schwimmbadbesuch mit Freunden
☐ gemütlicher Einkaufsbummel
☐ Sonstiges .... *(bitte eintragen)*

Selbstachtungsvoll

....
(Ort, Datum) *(Unterschrift)*

Alles im Griff? – Arbeitseinteilung und langfristige Planung

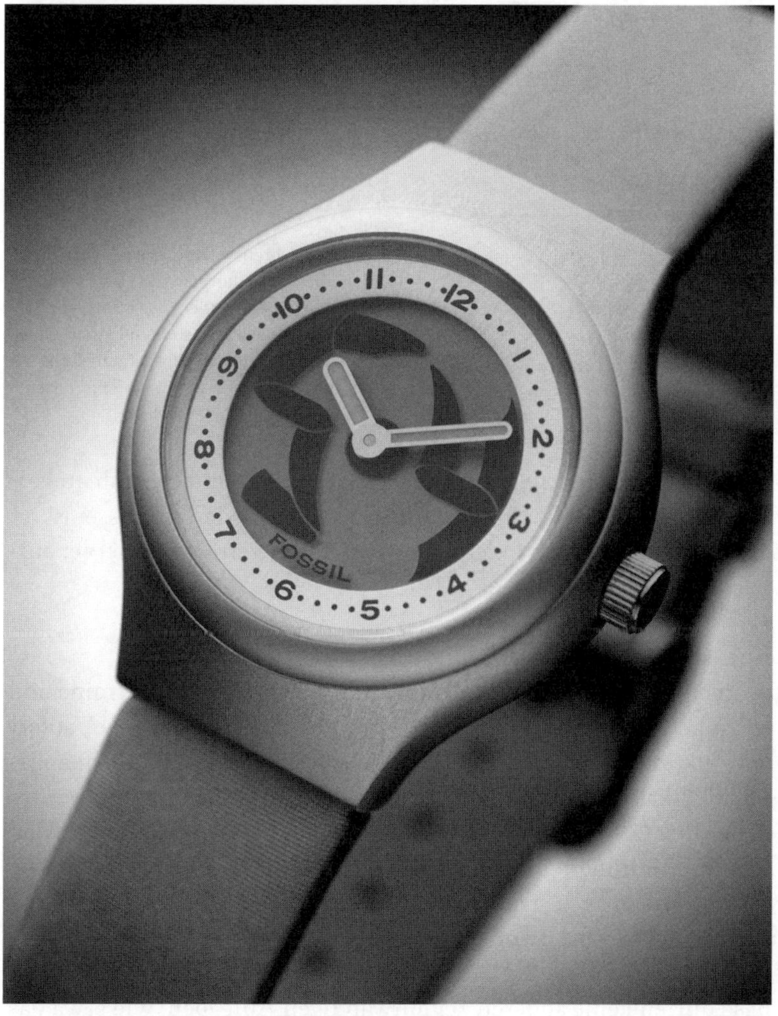

Lieber leichter lernen, als planlos pauken!

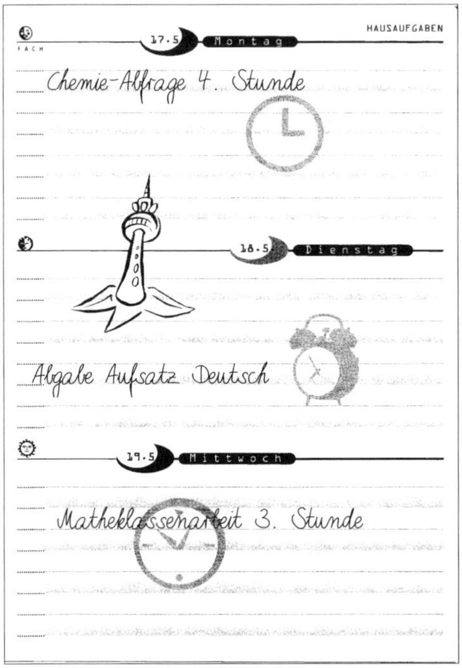

Schöne Aussichten! In drei Tagen die Matheklassenarbeit, übermorgen muss der Hausaufsatz abgegeben werden, von dem bisher nichts als die Überschrift steht, und morgen ist das Abfragen in Chemie fällig. Jetzt heißt es ranklotzen, was das Zeug hält, notfalls muss ich eben 'ne Nachtschicht einlegen!

Für einen Lernmarathon braucht man Zeit, starke Nerven und Durchhaltevermögen. Lernpsychologen raten von solchem Stress entschieden ab. Besser ist es, du verteilst dein Lernpensum auf kleine Portionen und vermeidest nervenaufreibende Last-Minute-Paukaktionen:

- **Plane deine Arbeit langfristig!**
  Beschaffe dir einen **Terminplaner**, in den du alle Klassenarbeitstermine und andere wichtige Daten (Referate, Abgabetermine für Hausaufsätze) sofort nach deren Ankündigung einträgst. Es gibt spezielle, auf das Schuljahr abgestimmte Schülerkalender, mit deren Hilfe du wichtige Termine immer im Überblick behältst (z. B. das „Hausaufgabenheft" des Südwest-Verlags). Ausgehend von den Terminen planst du nun deine Arbeit im Einzelnen. Für die **Vorbereitung auf eine Klassenarbeit** solltest du mindestens **vier Tage** einkalkulieren. Diese Zeit dient vornehmlich der Vertiefung und Wiederholung des Wissens sowie der Aufarbeitung einzelner Lücken. Innerhalb dieser Phase dürfen keine anderen zeitaufwändigen Aufgaben, wie etwa das Schreiben eines Hausaufsatzes oder das Vorbereiten eines Referats anfallen.

- **Sortiere den Stoff nach Dringlichkeit!**
  Mache es dir zur täglichen Gewohnheit, die zu erledigenden Aufgaben nach ihrer Dringlichkeit zu sortieren. Folgende Überlegungen helfen dir dabei: Welche Aufgaben sind wichtig? Welche Aufgaben beanspruchen viel Zeit? In welchem Fach musst du dich besonders für deine (mündliche) Note anstrengen? Wo kommst du morgen dran?

- **Bestimme eine Bearbeitungsreihenfolge!**
  Lege auf Grund deiner Überlegungen eine Bearbeitungsreihenfolge fest. Tu dies am besten schriftlich, indem du jede Pflicht gesondert auf einen kleinen Zettel notierst. Nach deren Erledigung, kannst du den betreffenden Zettel wegwerfen und ein kleines Erfolgserlebnis genießen. Achte auch darauf, die einzelnen Arbeitseinheiten so zu portionieren, dass du sie innerhalb von 20 bis 30 Minuten beenden kannst. Versuche bei längeren Einheiten die Arbeit dort zu unterbrechen, wo sich ein sinnvoller Einschnitt ergibt: eine anders geartete Mathematikaufgabe oder ein neuer Gliederungspunkt beim Aufsatz.

- **Arbeite regelmäßig zu festen Zeiten!**
  „Das ist der Rhythmus, wo ich immer mit muss ...“ – Nicht nur die Kultband der 70er-Jahre „Ideal“ weiß vom Bann des Rhythmus ein Lied zu singen. Auch Lernpsychologen empfehlen den festen Rhythmus als Arbeitserleichterung. Wann, wie und ob überhaupt lernen – diesen täglichen inneren Zweikampf kannst du dir sparen, wenn du dir regelmäßige Lernzeiten zur Gewohnheit machst.

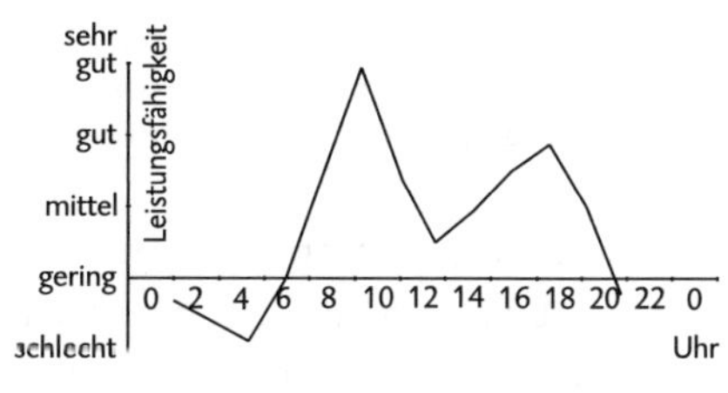

  Finde selbst heraus, wann du auf der Höhe deiner geistigen Fitness bist. Viele Menschen erleben **Leistungshochs** um ca. **10.00 Uhr** und nachmittags gegen **17.00 Uhr**.

- **Lege beim Lernen gezielte Pausen ein!**
  Unser Körper braucht von Zeit zu Zeit gewisse Veränderungen in Form von wechselnden Außenreizen. Treten diese infolge monotonen Lernstoffs nicht auf, verschafft sich unser Organismus sozusagen selbst Veränderung in Form von unbewussten Kurzpausen: Du schaust gedankenverloren aus dem Fenster oder kritzelst Muster aufs Löschblatt. So weit solltest du es allerdings gar nicht erst kommen lassen. Lege stattdessen **regelmäßige kurze Pausen nach überschaubaren Arbeitseinheiten** ein (vgl. S. 17).

Have a break! – Gezielt eingelegte Pausen erhöhen die Arbeitseffektivität

Wenn die Birne raucht, ist es meist schon zu spät! Ununterbrochenes Arbeiten lässt die Leistung unnötig absinken und kann außerdem zu Verwirrung im Kopf führen. Sorge also rechtzeitig für Entspannung!

Kreuze auf dich Zutreffendes an:

- ☐ Ich arbeite möglichst konzentriert am Stück, ohne mich abzulenken.
- ☐ Kurz vor Klassenarbeiten leg ich 'ne richtig intensive Arbeitsschicht ein.
- ☐ Während des Arbeitens mache ich fast keine Pausen, da es mir schwer fällt, danach wieder an meinen Arbeitsplatz zurückzukehren.

Treffen diese Aussagen auf dich zu? Falls ja, mangelt es dir sicher nicht am guten Willen zum erfolgreichen Arbeiten. Und das ist schon ein großes Plus! Unter lernpsychologischen Gesichtspunkten ist es aber weitaus günstiger, die Arbeit zu verteilen und kleine Verdauungspausen zwischen die einzelnen Lerneinheiten zu schieben. In Experimenten mit einfachen Rechenaufgaben zeigte sich deutlich: Schüler, die in regelmäßigen Abständen kurze Pausen einlegten, lösten mehr Aufgaben richtig als Schüler, die längere Zeit ohne Unterbrechung arbeiteten. Ihre Leistungen waren deutlich besser und sie ermüdeten weniger schnell.

Auch du kannst dir die positive Wirkung von Pausen zunutze machen. Dabei empfehlen sich vier Pausentypen:

- **Lege nach jeder neuen Einheit kurze Speicherpausen von 10 bis 20 Sekunden ein!**
  Willst du dir einen schwierigen Fachterminus aneignen, solltest du dir ganz bewusst die Zeit nehmen, um dir seinen Inhalt kurz vor deinem geistigen Auge zu vergegenwärtigen. Halte inne, spreche den betreffenden Begriff laut vor dich hin und versuche, dir seine Bedeutung vorzustellen.

- **Mache jeweils kurze Umschaltpausen von ca. 5 Minuten nach Beendigung einer Arbeitseinheit von 20 bis 30 Minuten!**
  Hast du eine Aufgabe abgeschlossen, lege eine kurze Pause ein, bevor du dich der nächsten widmest. Solche Umschaltpausen lassen sich auch gut einschieben, wenn man die Arbeitsmethode wechselt, also vom Schreiben zum Lesen übergeht.

- **Gönne dir nach ca. 1 ½ Stunden Gesamtarbeitszeit eine längere Entspannungspause von 15 bis 20 Minuten!**
  Hast du 1,5 Stunden konzentriert gearbeitet, verlangt dein Körper nach einer ausgedehnten Entspannung. Als Pausentätigkeiten bieten sich Bewegungs- oder Entspannungsübungen aber auch kleine Spaziergänge an.

- **Nach 3 ½ bis 4 Stunden Arbeitszeit sind 1 bis 3 Stunden Erholung fällig!**
  Nach so intensiver Arbeit zeigt dein Körper mit Sicherheit Ermüdungserscheinungen. Du hast ein ausgiebiges Ausspannen verdient! Widme dich am besten einer Tätigkeit, die mit Lernen gar nichts zu tun hat.

Sind innerhalb eines Nachmittags Englisch-, Deutsch- und Mathehausaufgaben zu erledigen, könnte dein Rhythmus von Arbeit und Pausen folgendermaßen aussehen:

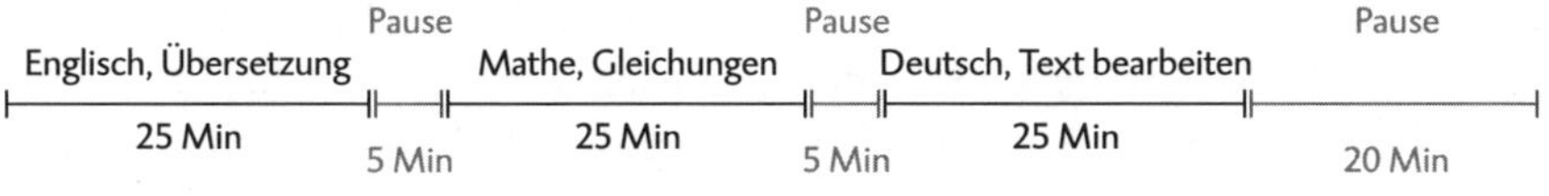

Gau im Kopf: Lernhemmungen durch Überlastung

Pausen sind nicht nur wichtig, weil sie uns vor einem Leistungsabfall bewahren. Versucht man sich verschiedenartige Lernstoffe ohne dazwischenliegende Unterbrechungen anzueignen, kann es zu so genannten **Lernhemmungen** oder **Interferenzen** kommen. Du bringst die Lernstoffe durcheinander oder kannst dich an bestimmte Informationen nicht mehr korrekt bzw. gar nicht mehr erinnern.

Die Informationsverarbeitung ist mit der Informationsaufnahme noch nicht abgeschlossen. Damit Lerninhalte langfristig abgespeichert werden können, müssen – vereinfacht gesagt – neue Verbindungen zwischen den einzelnen Nervenzellen im Gehirn gebildet, alte verstärkt oder gekappt werden. Für einen reibungsfreien Ablauf benötigt dieser Vorgang ein wenig Zeit. Fütterst du dein Gedächtnis während dieser Phase mit weiteren Lerninhalten, beeinflussen oder verdrängen sich diese unter Umständen gegenseitig. So können bereits verarbeitete Informationen die Aufnahme nachfolgender Informationen stören (proaktive Hemmung). Ebenso kann auch nachfolgender Stoff die Erinnerung an den zuerst gelernten behindern (retroaktive Hemmung). Besonders wenn wir uns ähnliche Informationen unmittelbar nacheinander aneignen wollen, kann es im Kopf zu Verwechslungen kommen. Beachte also Folgendes:

- **Präge dir ähnliche Informationen niemals unmittelbar nacheinander ein!**
  Versuche das Lernen zeitlich auseinander zu halten, indem du Pausen oder deutlich verschiedene Lernstoffe dazwischenschaltest. Vorprogrammiert wäre die Verwirrung, wenn du dir nach dem Lernen italienischer Vokabeln spanische einprägen wolltest. Da sich die beiden Sprachen stark ähneln, kommt es leicht zu Verwechslungen.

- **Lerne ähnliche Informationen erst dann, wenn du die zuerst gelernten sicher beherrschst!**
  Probleme der Groß- und Kleinschreibung wie „ Ich bin es **l**eid.“ solltest du dir zunächst 100 %-ig einprägen bevor du dich ähnlichen, aber unterschiedenen Fällen wie „Es tut mir **L**eid.“ widmest.

- **Bearbeite möglichst verschiedenartige Lernstoffe im Wechsel!**
  Bearbeite naturwissenschaftliche und sprachliche Fächer, mündliche und schriftliche Aufgaben im Wechsel. Die Gefahr einer Überlappung wird so bereits durch die Andersartigkeit der Lernstoffe gemindert. Verzichte dabei keinesfalls auf Umschaltpausen zwischen den einzelnen Aktivitäten!

- **Wähle eine Pausentätigkeit, die sich möglichst stark von der Lernaktivität unterscheidet!**
  Sicher ist dir jetzt klar, weshalb du in den Pausen möglichst etwas tun solltest, was sich deutlich vom Arbeiten unterscheidet! Dein Gehirn braucht Zeit, um das Gelernte erst einmal zu ordnen und zu verarbeiten. Konfrontierst du beispielsweise deine grauen Zellen gleich nach dem Lernen aktueller Zeitgeschichte mit den neuesten Tagesnachrichten, kann es zu Überlappungen kommen. Besser ist, du gönnst dir ein paar Schritte an der frischen Luft, genehmigst dir eine genussvolle Tasse Tee oder tanzt überschüssige Energie mal eben bei deinem Lieblingshit ab! Auch ein kleines Nickerchen wirkt Wunder. Während des Schlafes kann der Lernprozess ungestört nachwirken, da du keinen weiteren Eindrücken ausgesetzt bist. Allerdings solltest du abends nach längeren Lernperioden nicht unmittelbar zu Bett gehen, da sonst dein Schlaf darunter leiden kann.

Ordnung ist das halbe Leben? – Die Organisation des Arbeitsplatzes

Hast du eine Abneigung gegen rechte Winkel? Findest du es spießig, wenn Bücher geordnet im Regal stehen? Verabscheust du aufgeräumte Schreibtische, an denen einem jegliche Inspiration vergeht?

Die beste Ordnung ist natürlich die, bei der **du** dich wohl fühlst. Aber bedenke: Wenn du täglich 15 Minuten mit der Fahndung nach wichtigen Unterlagen verbringst, macht das in sechs Tagen 90 Minuten, in einem Monat 4 Stunden und in einem Jahr 72 Stunden! Mit folgenden Tipps kannst du diese Zeit sparen.

- **Schaffe Übersicht am Arbeitsplatz!**
  Liegen auf dem Schreibtisch Dinge, die mit deiner aktuellen Arbeit nichts zu tun haben, ist die Versuchung groß: Nur ein Blick in die neueste Computerzeitschrift und vergessen ist die Kurvendiskussion. Zudem sparst du wertvolle Minuten, wenn du die gerade benötigte Mitschrift nicht aufspüren musst.

- **Platziere Hilfsmittel in greifbarer Nähe!**
  Musst du erst ins elterliche Arbeitszimmer, um einen schnellen Blick in den Duden zu werfen, ist der kleine Umweg über die Küche auch nicht weit und schon dehnt sich die kleine Unterbrechung zu einer satten Pause aus. Bringe daher **zusätzliche Hilfsmittel**, unentbehrliche Nachschlagewerke wie Lexika, Wörterbücher, Grammatiken oder wichtige Unterlagen in greifbarer Nähe zu deinem Arbeitsplatz unter.

- **Hefte lose Blätter gleich ab!**
  Türmt sich auf deinem Schreibtisch ein Stapel aus Kopien, Unterrichtsmitschriften und Zeitungsausschnitten? Hefte wichtige Unterlagen gleich in Ordnern oder Schnellheftern ab. Das spart dir viel Zeit und unnötiges Suchen.

- **Kennzeichne deine Unterlagen übersichtlich!**
  Verwende für jedes Fach getrennte und beschriftete Ablagesysteme (farbige Ordner, Schnellhefter, Register) und kennzeichne sie unterschiedlich. Beklebe den Englischordner mit einer englischen Zeitung und versehe deine Aufzeichnungen stets mit Datum.

- **Achte auf eine korrekte Haltung!**
  Die richtige Haltung und geeignete Arbeitsmöbel erleichtern das Arbeiten und beugen einer vorzeitigen Ermüdung vor. Tisch und Arbeitsstuhl sollten in ihrer Größe aufeinander abgestimmt sein: Bei aufrechter Haltung musst du deine Füße flach auf den Boden stellen und deine Ellbogen bequem auf die Arbeitsplatte auflegen können. Rumpf und Oberschenkel sowie Ober- und Unterschenkel bilden jeweils einen rechten Winkel zueinander.

- **Besorge dir ein Keilkissen, falls du zu einem Rundrücken neigst!**
  Mit einem keilförmigen Sitzpolster vermeidest du eine ungünstige Sitzhaltung. Solche Keilkissen gibt es in Orthopädie-Fachgeschäften.

- **Bevorzuge eine verstellbare Arbeitsplatte!**
  Wenn du einen Text liest, der auf der waagrechten Tischplatte aufliegt, musst du deinen Kopf dazu um ca. 30 Grad nach unten neigen. Die Blutgefäße im Hals werden stark gequetscht und die Luftröhre zusammengedrückt. So wird die Durchblutung und Sauerstoffversorgung behindert und eine Ermüdung beschleunigt. Eine in der Neigung verstellbare Arbeitsfläche schafft Abhilfe. Bedenke dies beim Kauf eines Schreibtisches.

- **Leuchte deine Schreibfläche schattenlos aus!**
  Bei Rechtshändern sollte das Licht von links, bei Linkshändern entsprechend von rechts einfallen. Achte bei einer künstlichen Lichtquelle darauf, dass sie die Arbeitsfläche schattenlos ausleuchtet, dich aber trotzdem nicht blendet.

Unsere Lernhardware – Wie unser Gehirn Informationen auswählt und speichert

Ein schneller Blick ins Gehirn – Was beim Lernen passiert

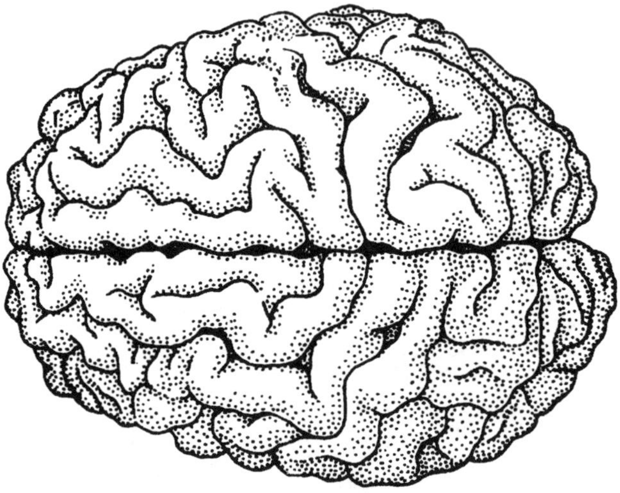

Was hast du mit einer Walnuss gemeinsam? Eigentlich nichts! Aber das Aussehen unseres Gehirns erinnert an eine geschälte Walnuss: Ähnlich wie diese weist seine Oberfläche eine Vielzahl labyrinthartiger Windungen auf und ist durch eine tiefe Mittelfurche in zwei annähernd symmetrische Hälften getrennt: die linke und die rechte Hirnhälfte.

Allein in der labyrinthartigen Schicht des Gehirns, der Großhirnrinde, befinden sich mehr als 30 Milliarden grauer Nervenzellen! Es ist also wahrlich kein Wunder, dass wir damit jedem Großcomputer überlegen sind. Noch viel zahlreicher sind die faserigen Verbindungen, die Nervenleitungen, die unsere Nervenzellen miteinander verknüpfen. Du kannst dir die grauen Zellen als kleine Glühbirnchen vorstellen, die durch ein Gewirr an Drähten vernetzt sind.

- **Die Nervenleitungen übermitteln Informationen!**
  Der Vergleich mit den Glühbirnchen ist gar nicht so weit hergeholt: Wenn wir etwas wahrnehmen oder denken, fließen über die Nervenleitungen elektrische Ströme, die diese sozusagen zum Leuchten – der Fachausdruck hierfür heißt Feuern – bringen. Diese Ströme sind äußerst gering, aber mit 100 Millivolt liefern sie beinahe ein Zehntel der Spannung einer Taschenlampenbatterie. Nicht alle Drähte zwischen den einzelnen grauen Zellen sind fest verlötet. Einige sind durch winzige Schalter, die so genannten Synapsen, mit angrenzenden Zellen gekoppelt. Ob nun Informationen oder Erregungsimpulse weitergeleitet werden oder nicht, hängt davon ab, ob die Synapsen den Kontakt zur benachbarten Nervenzelle herstellen oder nicht.

- **Beim Lernen werden neue Verbindungen zwischen den Nervenzellen geknüpft, alte verstärkt oder unbenutzte Verbindungen abgebaut!**
  Wenn wir denselben Pfad immer wieder benutzen, wird er zu einem Weg ausgetreten und später zu einer Straße ausgebaut. Pfade, die wir selten oder nicht mehr begehen, werden nach einiger Zeit von der Natur zurückerobert, sie verwachsen wieder. Ähnlich ist es, wenn wir Informationen verarbeiten oder lernen. Der Lernstoff wird – vereinfacht gesagt – in elektrische Impulse übersetzt. Diese gelangen über die Nervenleitungen zu bestimmten Nervenzellen im Gehirn. Dabei werden in deinem Gehirn einerseits neue Verbindungen zwischen den Nervenzellen ausgebildet oder verstärkt, andererseits alte Verbindungen gekappt. Somit bewirkt häufiges Wiederholen bestimmter Inhalte, dass die Verknüpfungen der Nervenzellen verstärkt werden und du jederzeit auf die Informationen zugreifen kannst.

- **Die meisten Zellen und ihre festen Verbindungen sind bereits bei unserer Geburt vorhanden!**
  Bei deiner Geburt ist der größte Teil deiner grauen Zellen und deren fester Verknüpfungen bereits vorhanden. Die restlichen Nervenzellen und ihre festen Verdrahtungen bilden sich weitgehend innerhalb der ersten Lebensmonate aus. Allerdings ist auch während der Pubertät noch ein gewisses Hirnwachstum zu beobachten. Deine Lernhardware, die Grundlage für alle zukünftigen Lernprozesse, steht somit bereit. Welche Software du nun installierst, ist deine Sache.

- **Bei der Vermehrung deines Wissens verdichtet sich die Vernetzung!**
  Wenn du dir Wissen aneignest, werden die Verknüpfungen zwischen den einzelnen Nervenzellen dichter, du vergrößerst die Zahl der Verdrahtungen.

- **Die Verknüpfung mit bereits Bekanntem und das häufige Abrufen von Wissen optimieren den Lernerfolg!**
  Die Abrufbarkeit von Information hängt u. a. davon ab, wie häufig wir sie erinnern. Zudem werden Inhalte umso fester im Gedächtnis verankert, je besser wir sie mit bereits Gelerntem in Verbindung bringen. Wenn wir einen Lerninhalt später aus dem Gedächtnis abrufen, bewirkt die Verknüpfung oder Assoziation zwischen verschiedenen Informationen, dass gleichzeitig mehrere Nervenbahnen aktiviert werden, die zum gesuchten Inhalt führen. Damit können wir schneller auf das Gespeicherte zugreifen.

Ein Hirn wie ein Sieb – Vom Funktionieren unseres Gedächtnisses

Nicht alles von dem, was wir aufnehmen landet in unserem Langzeitgedächtnis. Vieles – darunter leider auch oft der Lernstoff – bleibt schon an der Eingangstür unseres Gedächtnisses hängen.

In unserer Umwelt sind wir einer ständigen Flut an Sinneseindrücken ausgesetzt. Ob Geräusche, Gerüche, Bilder, Ertastetes oder Gelesenes – unser Gehirn verarbeitet laufend eine Vielzahl an Wahrnehmungen. Dabei sorgt unser dreistufiges Gedächtnis dafür, dass wir aus diesen unzähligen Reizen diejenigen herausfiltern, die für uns bedeutsam sind. Zwei Stufen müssen alle Informationen auf ihrem Weg ins Langzeitgedächtnis überwinden: den sensorischen Speicher und das Kurzzeitgedächtnis.

- **Sensorischer Speicher: Arbeite nur in ausgeruhtem Zustand!**
  Alle Wahrnehmungen werden automatisch – wenn auch nur für Bruchteile von Sekunden – gespeichert. Du kannst dies leicht nachprüfen, indem du eine Topfpflanze auf dem Fensterbrett kurz fixierst. Schließt du daraufhin die Augen, wirst du beobachten, dass das Bild der Topfpflanze auch bei geschlossenen Augen für kurze Zeit als eine Art Nachbild erhalten bleibt, bevor es wieder verblasst. Dafür ist der sensorische Speicher verantwortlich. Voraussetzung für sein Funktionieren ist, dass du wach und ausgeruht bist und deine Sinnesorgane störungsfrei arbeiten.

- **Kurzzeitgedächtnis: Lerne höchstens sieben Informationen auf einmal!**
  Informationen, auf die du dich bewusst konzentrierst oder die deine Aufmerksamkeit in besonderem Maße erregen, gelangen auf die nächste Verarbeitungsstufe deines Gedächtnisses. Das Kurzzeitgedächtnis speichert Informationen für etwa 3–4 Minuten. Wiederhole sie während dieser Zeit, etwa durch mehrmaliges Nachsprechen, damit sie nicht verloren gehen.
  Die Aufnahmefähigkeit des Kurzzeitgedächtnisses ist begrenzt. Überzeuge dich selbst davon! Lass dir die folgenden drei Zahlengruppen von jemandem der Reihe nach vorlesen. Ermittle nach jeder Zeile, wie viele der gehörten Zahlen du dir gemerkt hast.

7 Zahlen:	**5**	**9**	**3**	**12**	**4**	**7**	**11**						
10 Zahlen:	**6**	**1**	**11**	**7**	**2**	**8**	**5**	**12**	**3**	**9**			
13 Zahlen:	**6**	**13**	**4**	**7**	**3**	**11**	**9**	**5**	**2**	**8**	**1**	**0**	**12**

  Vermutlich konntest du die ersten sieben Ziffern jeder Zahlenreihe mühelos wiedergeben. Dies liegt daran, dass unser Kurzzeitspeicher ohne Wiederholung durchschnittlich sieben Informationen speichern kann.

- **Langzeitgedächtnis: Rufe Gelerntes regelmäßig ab!**
  Wahrscheinlich hast du schon manchmal die bittere Erfahrung machen müssen, dass mühsam Gelerntes nach einiger Zeit wie weggeblasen ist. Das kann zum einen daran liegen, dass manche Informationen gar nicht erst im Langzeitgedächtnis ankommen, weil wir uns eigentlich nicht dafür interessieren. Zum anderen erinnern wir uns nur schwer an Lernstoffe, die wir lange Zeit nicht aus unserem Gedächtnis abgerufen haben. Wenn wir einen schmalen, bereits überwucherten Pfad lange Zeit nicht mehr benutzen, werden wir ihn suchen und erneut austreten müssen. Sorgst du jedoch dafür, dass Gedächtnisspuren durch Erinnerung rechtzeitig aufgefrischt werden, kannst du sie unbegrenzt lange erhalten.
  Die beste Nachricht zum Schluss: Die Aufnahmefähigkeit deines Langzeitgedächtnisses ist enorm, d. h. du bist nahezu grenzenlos lernfähig!

Rechtshirn und Linkshirn: Ein eingespieltes Duett

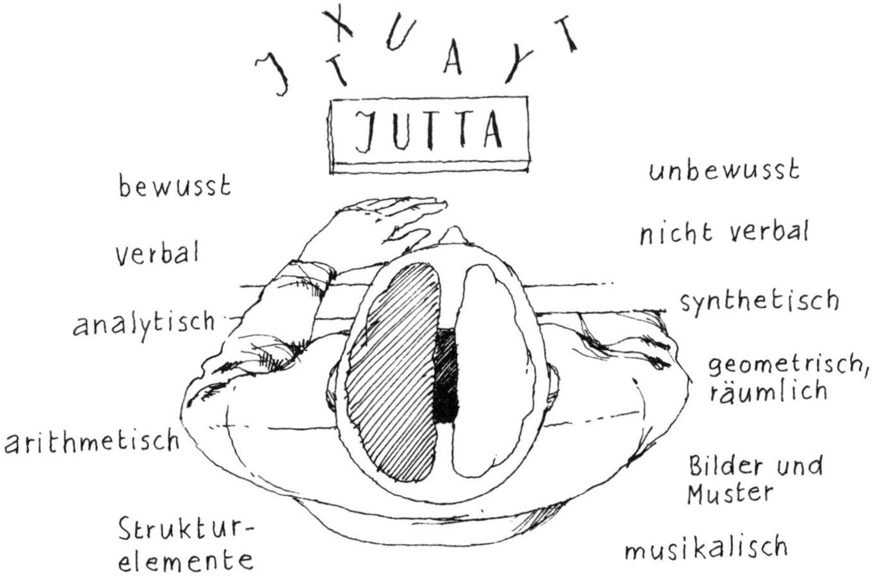

„Das mache ich doch mit links", denken sich einige angesichts einer komplizierten mathematischen Gleichung. Andere verzweifeln daran. Ob du eher in Mathe durchblickst oder ein so genannter Sprach-Typ bist, hängt nicht nur von deinen speziellen Begabungen ab. Es hat auch viel damit zu tun, wie du Informationen verarbeitest und welche Hirnhälfte bei dir dominiert. Vielleicht machst du etwas gerade deshalb mit links, weil du in der Lage bist, deine rechte Hirnhälfte produktiv einzusetzen.

Auf den ersten Blick gleichen sich unsere beiden Gehirnhälften wie Spiegelbilder. Sie unterschieden sich jedoch deutlich in ihrer Funktion. Hebst du deinen rechten Arm, wird dies von der linken Gehirnhälfte gesteuert. Umgekehrt kontrolliert die rechte Hirnhemisphäre die Bewegungen der linken Körperhälfte. Aber auch in Bezug auf andere Fähigkeiten herrscht strikte Aufgabenteilung.

- **Die Hirnhälften sind für unterschiedliche Aufgabenbereiche zuständig!** Denkprozesse, wie sie während des Lesens, Schreibens, Rechnens oder dem Erlernen von Sprache ablaufen werden vorwiegend von der **linken Gehirnhälfte** gesteuert. Sie wird auch aktiv, wenn wir uns Bezeichnungen von Gegenständen, Namen, Jahreszahlen oder anderes Faktenwissen einprägen bzw. in Erinnerung rufen. Sie verarbeitet Informationen nacheinander, Stück für Stück (= linear).

Die **rechte Gehirnhälfte** ist dagegen in der Lage, viele Informationen gleichzeitig oder ganzheitlich zu verarbeiten. Sie ist u. a. für die Erkennung von Mustern und Farben zuständig und ermöglicht uns räumliche Orientierung und Klangerleben.
Verkürzt gesagt: Prozesse, die Kreativität, Phantasie, Gefühl und intuitives Wahrnehmen erfordern, werden der rechten Gehirnhälfte zugeordnet, während man systematisch-logische und sprachlich-kommunikative Vorgehensweisen der linken Hälfte zuschreibt.

- **Die beiden Gehirnhälften verbindet ein dicker Nervenstrang.**
  Über den so genannten Balken, ein dickes Bündel aus Nervenfasern, können die Hirnhemisphären miteinander kommunizieren und Informationen austauschen.

- **Beide Gehirnhälften müssen optimal zusammenarbeiten!**
  Je nachdem, welche Aufgaben du zu bewältigen hast, werden also unterschiedliche Hirnareale aktiv. Viele Menschen aktivieren beide Gehirnhälften je nach Anforderung; die Aufgabenteilung funktioniert reibungslos wie bei einem eingespielten Duett. Doch manche Menschen beanspruchen eine der Hirnhälften bevorzugt. Man sagt, sie sind rechts- oder linksdominant. Lernschwierigkeiten können daraus resultieren, dass bei der Lösung eines Problems nicht die dafür zuständigen Hirnbereiche aktiv werden: Du machst etwas mit links, obwohl vor allem Fähigkeiten deiner rechten Hirnhälfte gefragt wären.

- **Du kannst den Austausch zwischen beiden Gehirnhälften unterstützen!**
  Durch bestimmte Übungen kannst du für eine verbesserte Kommunikation zwischen den Gehirnhälften sorgen. Im nachfolgenden Kapitel werden einige Trainingsmöglichkeiten, so genannte Überkreuzbewegungen, vorgestellt.

Das Hirn auf Trab bringen: Gymnastik für die grauen Zellen

Der Begriff Kinesiologie hat nichts mit chinesisch zu tun. Er leitet sich aus dem Griechischen von *kinesis* (Bewegung) und *logos* (Lehre) ab. Spezielle, in der Kinesiologie entwickelte Überkreuzbewegungen verbessern die Zusammenarbeit der beiden Gehirnhälften und beugen so Lernschwierigkeiten vor.

Manchmal liegt die Ursache für Konzentrations- und Lernprobleme im so genannten *switching* (von englisch: schalten). In diesem Zustand des *switching* ist vorwiegend eine der beiden Gehirnhälften aktiv, während die andere abgeschaltet bleibt. Bei vielen Lernaufgaben ist jedoch ein optimales Zusammenarbeiten der rechten und der linken Gehirnhälfte erforderlich. Durch *switching* kann es zu Lern-, Lese- und Rechenproblemen kommen, die von Lehrern und Eltern häufig fälschlich der Faulheit, fehlender Begabung oder mangelnder Anstrengung zugeschrieben werden. Was kannst du tun, um deine **beiden** Gehirnhälften auf Trab zu bringen und dem Zustand des *switching* entgegenzuwirken?

- **Marschiere auf der Stelle!**
  Gehe auf der Stelle und schwinge dabei deine Arme locker mit. Beobachte, ob du die Bewegung spontan gleichseitig oder überkreuz ausführst. Bewegst du dich gleichseitig, schwingen Bein und Arm derselben Seite gleichzeitig nach vorne und du befindest dich im Zustand des *switching*.
  Führst du die Übung dagegen richtig aus, verbessert dies die Zusammenarbeit beider Gehirnhälften.

- **Laufe auf der Stelle überkreuz!**
Dies ist eine Variante der oben beschriebenen Übung. Wie beim Auf-der-Stelle-Marschieren bewegst du dich dabei überkreuz. Doch nun beschleunigst du die Übung und bringst zusätzlich bei jedem Schritt die Hand zum Knie: Deine rechte Hand berührt das linke Knie und umgekehrt. Diese Übung wirkt sich positiv auf Fähigkeiten wie Schreiben, Lesen, Zuhören und Verstehen aus. Führe sie etwa eine Minute lang durch, das bringt ganz schön auf Trab!

- **Male eine liegende Acht in die Luft!**
Strecke beide Arme aus und halte dabei die Hände parallel nebeneinander. Male nun mit beiden Händen die Figur einer ausladenden liegenden Acht in die Luft. Deine Augen folgen deinen Fingerspitzen. Achte darauf, dass du am Kreuzungspunkt der Acht jeweils eine Aufwärtsbewegung mit deinen Händen beschreibst.
Mit dieser Übung beugst du Umkehrungen und Verdrehungen beim Lesen und Schreiben vor. Sie verbessert das beidäugige Sehen und die Wahrnehmung am Rand des Gesichtsfeldes.

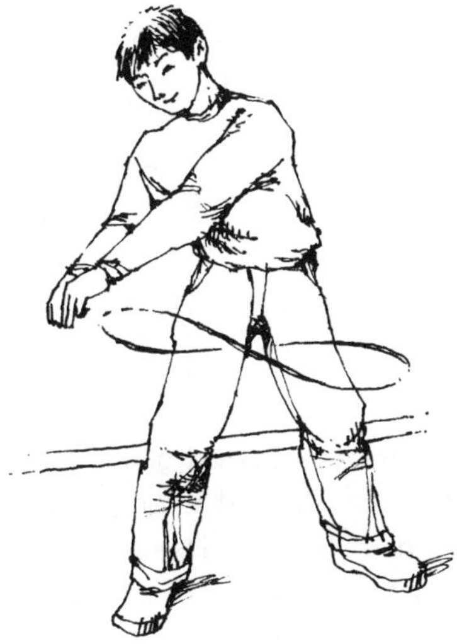

- **Führe seitliche Drehungen durch!**
Die Beine stehen etwa schulterbreit, die Knie sind nicht vollständig durchgedrückt. Spreize beide Arme seitwärts, sodass Rumpf, Arme und Beine eine Ebene bilden. Halte deinen Kopf gerade und fixiere einen dir gegenüberliegenden Punkt in Augenhöhe. Schwinge nun die ausgestreckten Arme abwechselnd zur einen und zur anderen Seite, indem du deinen Körper leicht in der Hüfte drehst. Vergiss dabei nicht, den von dir anvisierten Punkt im Auge zu behalten.
Diese Übung hilft gegen *switching*.

Schnell begriffen durch „Be-Greifen" – Mehrkanaliges Lernen

Verstehst du manchmal nur Bahnhof, wenn dein Mathelehrer endlose theoretische Erklärungen von sich gibt? Keine Panik, vielleicht gehörst du zu den so genannten visuellen Typen, also Menschen, die sich ein Bild von den Dingen machen müssen, um sie zu verstehen.

„Ein Mops kam in die Küche und stahl dem Koch ein Ei. Da nahm der Koch den Löffel und schlug den Mops entzwei…", so lautet der Beginn eines volkstümlichen Kinderliedes. Stellt dir vor, der Mops würde sich nach der Zweiteilung verdoppeln und auf wundersame Weise weiterleben. Da wären es nun schon zwei Möpse, die dem Koch ein Ei zu entwenden versuchten. Und wehe, der Koch schwänge erneut den Löffel, um sich gegen die lästigen Eindringlinge zu wehren! Postwendend erschiene der Mops wie ein Klon in vierfacher Ausfertigung. Setzt du diesen Vorgang in deiner Vorstellung fort, hast du das Wesen des Potenzierens von Zahlen schon begriffen und das vielleicht viel schneller, als wenn man dir eine abstrakte Definition des Potenzierens liefern würde.
Von deiner Erfahrung, Erziehung und deinen körperlichen Voraussetzungen hängt es ab, auf welchem Sinneskanal du Informationen besonders gut aufnimmst, durch bloßes Hören, durch Sehen oder durch „Be-Greifen" im wahrsten Sinne des Wortes.

- **Finde heraus, wie du Informationen besonders gut aufnimmst!**
  Behältst du neuen Lernstoff gut, wenn du ihn vorgetragen bekommst, also wenn du Informationen über das Hören aufnimmst (**akustischer Typ**)? Musst du dir Dinge bildlich vorstellen, um sie zu verstehen (**visueller Typ**)? Oder eignest du dir neues Wissen am liebsten handelnd an, indem du vielleicht ein physikalisches Experiment durchführst (**kinästhetischer Typ**)?

Um dies herauszufinden, musst du ein wenig experimentieren: Bringe dir ähnlichen Lernstoff auf unterschiedliche Weise bei: durch aufmerksames Lesen, lautes Vortragen, bildliches Vorstellen, schriftliches oder grafisches Zusammenfassen. Der jeweilige Erfolg gibt dir Auskunft über deinen Lerntyp.

- **Lerne effektiver mit allen Sinnen!**
  Vermutlich nimmst du, wie die meisten Menschen, Informationen auf bestimmten Kanälen bevorzugt auf. Trotzdem solltest du beim Lernen möglichst viele Sinne einbeziehen, da Lernstoff grundsätzlich besser erinnert wird, wenn er mehrkanalig aufgenommen wird. Du kannst dies ohne großen Aufwand beim Vokabeln-Lernen, indem du dir den Inhalt eines Begriffes bildlich vorstellst (visuell), indem du das Wort laut vor dich hin sprichst (akustisch), es ins Vokabelheft notierst oder einen kleinen Dialog spielst, in dem der Begriff vorkommt (kinästhetisch).

- **Du behältst etwas besonders gut, wenn du dir den Stoff aktiv aneignest!**
  Hörst du bloß passiv zu, wenn dein Lehrer in ein neues Stoffgebiet einführt, wirst du dich später an nicht allzu vieles erinnern können. Versuche mitzudenken, dir die geschilderten Sachverhalte so anschaulich wie möglich vorzustellen, dir dabei Notizen zu machen und ruhig einmal Fragen zu stellen. Dadurch werden nämlich unterschiedliche Sinne angesprochen, du lernst mehrkanalig und erinnerst dich später besser an den Stoff. In der nachstehenden Grafik siehst du, gemittelt über eine große Stichprobe, auf welchem Weg wir Informationen besonders gut behalten.

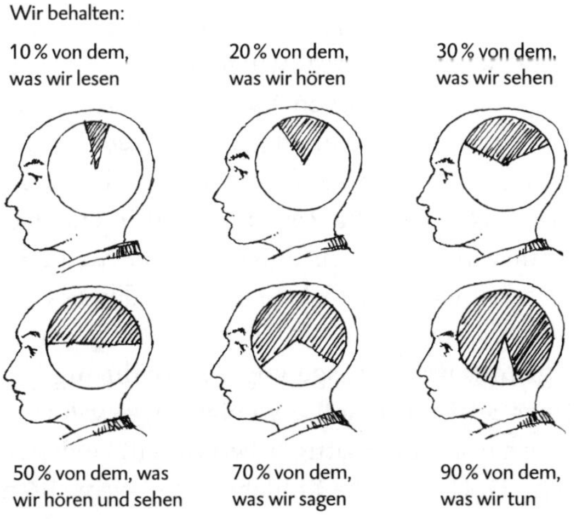

Man ist, was man isst: Kraftnahrung fürs Gehirn

Der Verzehr bestimmter Nahrungsmittel wirkt sich positiv auf unsere geistigen Leistungen aus. Besondere Inhaltsstoffe machen sie sozusagen zur Kraftnahrung fürs Gehirn. Der hohe Vitamingehalt von Früchten fördert die allgemeine Leistungsfähigkeit.

Was hat dein Abschneiden in der letzten Klassenarbeit damit zu tun, was du davor gegessen hast? Gar nichts? Dem widerspricht das spektakuläre Ergebnis eines Experiments des amerikanischen *National Institute of Health*. Personen, denen vor der Durchführung eines Intelligenztests Lecithin verabreicht wurde, schnitten danach bis zu 25 % besser ab als solche, die diese Substanz nicht eingenommen hatten. Nun, für die Zensuren sind in erster Linie deine Lernanstrengungen verantwortlich. Doch durch eine bewusste Ernährung kannst du optimale Voraussetzungen für Höchstleistungen deines Gehirns schaffen:

- **Achte auf eine grundsätzlich ausgewogene Ernährung!**
  Ein ausgewogener Speiseplan sollte wenige ausgewählte Fette (am besten pflanzliche, so genannte ungesättigte Fettsäuren) und ausreichend Kohlehydrate enthalten. Doch einfache Kohlehydrate, wie weißen Zucker, solltest

du nur sehr sparsam zu dir nehmen, da Zucker zum Abbau von Vitaminen führt. Durch den Verzehr von Obst und viel Gemüse versorgst du deinen Körper ausreichend mit Vitaminen und Mineralstoffen. Diese steigern die Leistungs- und Konzentrationsfähigkeit. Beachte die Hinweise zu einer ausgewogenen Ernährung am Ende auf der nächsten Seite.

- Beuge **Gedächtnis- und Konzentrationsstörungen vor!**
  Lecithin, das sich vor allem in Eiern, Fisch, Weizen, Sojabohnen und magerem Rindfleisch findet, ist eine von vielen Substanzen, die einen nachweisbar positiven Effekt auf die Lern- und Gedächtnisleistung besitzen. Im Körper wird es zu einem B-Vitamin, dem Cholin, gespalten, aus dem das Gehirn Acetylcholin herstellt. Letzteres ist bedeutsam für die Übermittlung von Informationen von einer Nervenzelle zur anderen. Das Lecithin kann binnen 90 Minuten auf unser Gedächtnis wirken und seine Wirkung hält bis zu fünf Stunden an. Achte bei deiner Ernährung also auf eine ausreichende Versorgung mit Lecithin.

- **Was mobilisiert neue Energie während der Klassenarbeit?**
  Direkte Energielieferanten für unser Gehirn sind Blutzucker (Glucose) und Glutaminsäure. Sie stehen dem Gehirn rasch zur Verfügung. Fällt der Blutzuckerspiegel während einer langdauernden Klassenarbeit stark ab, kann dies zu Konzentrations- oder Erinnerungsschwierigkeiten führen. Der Griff zu Traubenzucker oder Müsliriegel wirkt dem schnell entgegen. Beide beinhalten Glucose, der Müsliriegel darüber hinaus Glutaminsäure. Letzteres ist ein hochwertiges Eiweiß, das vor allem in Vollkornweizen, Sojabohnen und Fleisch vorkommt.

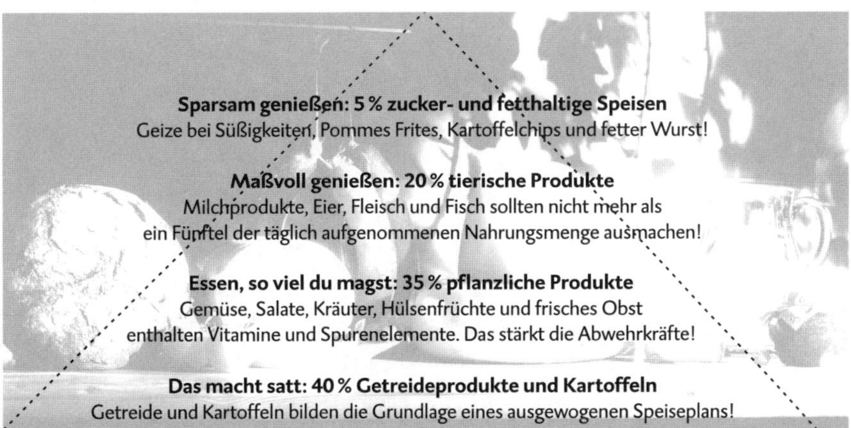

Grundpfeiler erfolgreichen Lernens: Ordnen, Verknüpfen, Verbildlichen, Wiederholen

Ordnung im Hirn: mehr behalten durch Strukturieren

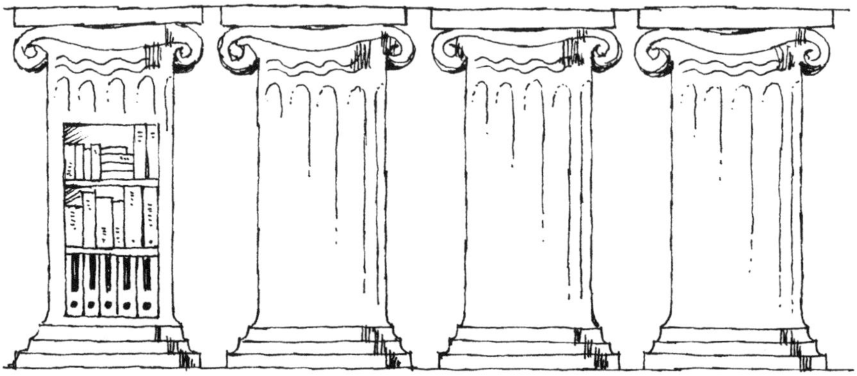

Die Tragpfeiler erfolgreichen Lernens sind das Ordnen, Verknüpfen, Verbildlichen und Wiederholen von Lernstoff. Versuchst du den Stoff bereits beim Lernen zu ordnen, wirst du ihn besser behalten.

„Schon wieder eine Fünf! Obwohl ich dieses Mal wirklich viel gelernt habe!" – Oft entscheidet die richtige Arbeitsweise über den Erfolg. „Was ist wichtig?" Die Entscheidung setzt das Ordnen des Lernstoffes nach inhaltlichen Gesichtspunkten voraus. Den positiven Effekt des Strukturierens beweist ein einfaches Experiment. Lies die folgende Wortliste zweimal sorgfältig durch. Notiere anschließend alle Begriffe, an die du dich noch erinnerst:

Villa / Bach / Gefreiter / Tulpe / Platin / Rose / Sherry / Bohrer / Hütte / Vulkan
Berg / Oberst / Silber / Hammer / Lilie / Säge / Whisky / Bronze / Rum / Kupfer
Rotwein / Zelt / Aluminium / Hauptmann / Landhaus / Küste / Wodka / Zink

Die 28 Begriffe lassen sich sieben Kategorien zuordnen: Behausungen, Landschaftsmerkmale, militärische Ränge, Blumen, Metalle, alkoholische Getränke, Werkzeuge. Notiere nun die Kategorien auf einem anderen Blatt Papier und ordne jedem Oberbegriff die Wörter zu, die du dir gemerkt hast.
Die meisten Leute können mithilfe von Oberbegriffen wesentlich mehr Begriffe aus ihrem Gedächtnis abrufen. Wenn du also eine Art Landkarte im Kopf hast, in die du Informationen einordnen kannst, erinnerst du dich später leichter an die Einzelheiten. Hier einige Anregungen, nach welchen Gesichtspunkten du Lernstoff ordnen kannst:

- **Sortiere deine Hefteinträge nach Wichtigkeit!**
  Normalerweise lassen Lehrer wichtige Regeln, Lehrsätze oder Definitionen ins Schulheft übernehmen. Diese Einträge gehören also zu dem Stoff, den du unbedingt beherrschen solltest. Überlege dir weiterhin bei jeder Einheit,

welcher zentrale Begriff erläutert wird und welchem übergeordneten Stoffgebiet er angehört: So ist der Begriff „Erweitern“ Teil des Themas „Bruchrechnen“. Unverzichtbare Hilfsmittel beim Strukturieren sind farbige Textmarker oder Buntstifte. Setze die Farben systematisch ein, indem du Überschriften entsprechend ihrer Wichtigkeit markierst und in eine Hierarchie bringst. Kennzeichne dazugehörige Definitionen, Regeln oder Schlüsselstellen im Text durch eine bestimmte Farbe.

- **Erstelle Stofflisten mit den wichtigsten Lerninhalten!**
  Auf Grundlage deiner sortierten Hefteinträge kannst du nun Listen erstellen, die den wichtigsten Lernstoff wiedergeben. Den Inhalt von Begriffserklärungen oder Regeln reduzierst du dabei noch einmal auf wenige wichtige Begriffe, damit du den Stoff beim späteren Wiederholen möglichst knapp und übersichtlich vorliegen hast. So schlägst du zwei Fliegen mit einer Klappe. Du ordnest den Lernstoff und lernst dabei bereits durch aktives Handeln.

- **Verschaffe dir einen Überblick über wesentliche Inhalte!**
  Musst du dir Informationen aus Texten aneignen, ist es hilfreich, wenn du dir zunächst einen groben Überblick über dessen wesentliche Inhalte verschaffst. Meist kannst du dem Inhaltsverzeichnis entnehmen, in welchem Zusammenhang ein Thema erscheint und welchem übergeordneten Sachgebiet es angehört. Zudem erscheinen in der Überschrift, in Zwischenüberschriften, in fettgedruckten oder besonders hervorgehobenen Textteilen sowie in dazugehörigen Abbildungen die wichtigsten Textinformationen in verkürzter Form. Auf diese Weise entsteht sozusagen ein grobes Raster in deinem Kopf, in das du nachfolgende Detailinformationen einordnen kannst und diese besser behältst.

- **Versuche zu gliedern!**
  Wenn dir der Stoff in sehr unübersichtlicher Form dargeboten wird, versuche ihn nach Ordnungsgesichtspunkten zu gliedern. Als erster Anhaltspunkt dient dir ein einfaches Gliederungsmuster mit W-Fragen: Wer? Was? Wie? Wann? Wo? Warum?

- **Erkläre einem Außenstehenden in wenigen Worten den Stoff!**
  Um den Lernstoff so vorzutragen zu können, dass eine unbeteiligte Person ihn versteht, musst du ihn selbst verinnerlicht und in deinem Kopf geordnet haben. Bitte deinen kritischen Zuhörer bei Unklarheiten um Rückfragen. Auf diese Weise wirst du zur präzisen Darstellung gezwungen.

Verknüpfen oder Assoziieren: Aus der Trickkiste der Gedächtniskünstler

Die Tragpfeiler erfolgreichen Lernens sind das Ordnen, Verknüpfen, Verbildlichen und Wiederholen von Lernstoff. Verknüpfst du unzusammenhängende Einzelinformationen durch bestimmte Techniken, kannst du sie besser im Gedächtnis behalten.

Wollen dir manche Zahlen, wie etwa das Geburtsdatum Goethes, der Wert der Zahl π oder spezielle Fachbegriffe wie „Dendrit" einfach nicht in den Kopf? Dann bediene dich so genannter Gedächtnishilfstechniken. Das tun übrigens auch Gedächtnisgenies, die ein phänomenales Erinnerungsvermögen zu besitzen scheinen und ihre Zuschauer damit in ehrfürchtiges Staunen versetzen. Da nicht alle Stoffe sich unter logischen Gesichtspunkten ordnen und damit leichter merken lassen, ist es hilfreich, sie auf andere Weise im Gedächtnis zu verankern:

- **Bilde Eselsbrücken, um dir schwer eingängige Einzelheiten zu merken!**
  „333 bei Issos Keilerei" – solche Sprüche sind vielleicht alte Hüte. Doch der Reim oder auch die feste Verknüpfung von Informationen mit Bildern, wie des Begriffes „konkav" mit dem Bild „Tal" und „konvex" mit „Berg", machen Eselsbrücken so eingängig. Mit ein wenig Phantasie kannst du natürlich auch eigene Eselbrücken erfinden.

- **Merke dir schwierige Zahlen oder Daten mithilfe der Ankertechnik!**
  Dazu werden die Zahlen eins bis zehn zunächst mit Bildern verknüpft:

Das dürfte dir aufgrund des Reimes leicht gefallen sein.

„Was soll denn das: Heinz mit Rüben und Bier vor der Scheune?" Ganz einfach, das ist Goethes Geburtsjahr 1749! Stell dir nun noch vor, wie Heinz in der Nacht Brei an einen Hai verfüttert. Jetzt weißt du auch, wann Goethe das Zeitliche segnen musste: 1823.

- **Meistere schwer zu merkende Begriffe mit der Loci-Technik!**
  Du kommst nach Hause, sperrst deine Tür auf und stolperst: Ein verirrtes **Axon**, eine überdimensional große Nervenfaser, hat sich dir als Fallstrick in den Weg gelegt. Als du deine Jacke an die Garderobe hängst, fällt dein Blick in den Garderobenspiegel: Eine millionenfach vergrößerte **Synapse** das knopfartig verdickte Ende des Axons, hat dort angedockt. Als du dem anderen Ende der Nervenfaser in die Küche folgst … Indem du Begriffe im Geist mit bestimmten Orten verbindest, schaffst du eine stabile Verknüpfung zwischen Worten und Orten. Du musst dann lediglich im Geist deinen Weg erneut gehen, um dich an die dort deponierten Begriffe oder Vokabeln zu erinnern.

- **Präge dir die Reihenfolge von Begriffen mithilfe von Kunstsätzen ein!**
  Indem du die Anfangsbuchstaben von Ausdrücken zu neuen Wörtern eines Satzes kombinierst, kannst du dir ihre Abfolge problemlos merken, „**M**ein **E**lefant **stei**gt **k**atzenartig **b**ergauf. **Was sonst**?" Hinter dem Nonsens-Satz verbergen sich Informationen über die Energiewirtschaft in Deutschland.

Mineralöl	**E**rdgas	**Stei**nkohle	**K**ernenergie	**B**raunkohle	**Was**ser	**Sonst**ige
39,5 %	21,6 %	13,9 %	12,1 %	11,5 %	0,5 %	0,9 %

Verbildlichen oder Visualisieren : Ein Bild sagt mehr als 1 000 Worte!

Die Tragpfeiler erfolgreichen Lernens sind das Ordnen, Verknüpfen, Verbildlichen und Wiederholen von Lernstoff. Gelingt es dir, Lernstoffe zu verbildlichen prägen sie sich besonders gut ein.

Großaufnahme: Blendend weiße Zähne beißen in ein Eis am Stiel. Die zartbraune Schokoladenhülle zerspringt mit einem leisen Knacken und gibt den Blick auf das cremig-gelbliche Innere frei. Genüsslich lässt die junge Frau das Vanilleeis auf der Zunge zergehen ...

Vielleicht ist dir ja beim bloßen Gedanken an Eis bereits das Wasser im Mund zusammengelaufen? Bilder, die unsere Sinne ansprechen, prägen sich tief in unser Gedächtnis ein. Sie werden von der rechten, gefühlsbetonten Seite unseres Gehirns verarbeitet. Dabei sind sie genauso wirksam wie reale, vorausgesetzt, du bist in der Lage, sie so anschaulich wie möglich heraufzubeschwören, wie in einem Traum, den du später nicht von der Wirklichkeit unterscheiden kannst.

- **Mache dir ein Bild! Stelle dir Lernstoff so anschaulich wie möglich vor!** Warum sollte man den einfachen Trick, aus dem die Werbung ihren Profit zieht, nicht auch für das Lernen nutzen? Je besser es dir gelingt, Lerninhalte mit einem anschaulichen und möglichst detaillierten Bild zu verbinden, umso leichter wirst du dich später an sie erinnern. Das Visualisieren hat gegenüber dem Aufschreiben zudem den Vorteil, dass es wesentlich weniger zeitaufwändig ist und lediglich etwas Fantasie erfordert.

- **Setze beim Lernen möglichst alle Sinne ein!**
  Was siehst, hörst, fühlst, riechst oder schmeckst du, wenn du an die Bedeutung eines Begriffes denkst? Besonders beim Vokabeln-Lernen kannst du dir die Begriffe plastisch vorstellen.

- **Verbildliche auch trockene oder abstrakte Sachverhalte!**
  Angenommen, du musst dir in Erdkunde die Rahmendaten einer exotischen Inselgruppe einprägen. Republik Seychellen: Gruppe von 105 kleinen, verstreuten Vulkan- oder Koralleninseln; Lage: nordöstlich von Madagaskar; Hauptstadt: Victoria; Mitglied des Commonwealth; Bevölkerungsstruktur vielfältig: Afrikaner, Kreolen, Engländer, Franzosen, Inder; Religion: 90 % Katholiken. Beim bloßen Lesen wirst du die meisten Informationen wahrscheinlich schnell wieder vergessen.
  Versuche stattdessen, sie durch eine bildliche Vorstellung in deinem Gedächtnis zu verankern. Fünf typische Vertreter unterschiedlicher Bevölkerungsgruppen sitzen jeweils auf einem kleinen Vulkan- oder Koralleninselchen: ein typischer Franzose, die Queen Victoria, ein Inder, ein Schwarzafrikaner und ein Kreole (= Nachkomme romanischer, europäischer Einwanderer). In der Hand halten sie eine britische Fahne, um den Hals tragen sie ein schweres Kreuz. Alle blicken nach links unten auf die Insel Madagaskar.

Against Fading out of Memory: Wiederholen contra Vergessen

Die Tragpfeiler erfolgreichen Lernens sind das Ordnen, Verknüpfen, Verbildlichen und Wiederholen von Lernstoff. Durch gezieltes Wiederholen wirkst du dem Verblassen von Erinnerungsspuren entgegen.

Gewohnte Wege finden wir im Schlaf, ohne dass es zeitraubender Orientierung bedarf. Selten benutzte Pfade müssen wir uns häufig erst mithilfe einer Karte zeitaufwändig vergegenwärtigen. Auch unsere Gehirnlandschaft gleicht einem Wegenetz aus oft und selten begangenen Strecken. Gespeicherte Informationen, zu welchen wir nur selten vordringen, sind für uns schwerer zugänglich als solche, die wir regelmäßig ansteuern. Wiederholung heißt also der Zauberteppich, mit dem wir flugs zu unseren Erinnerungen gelangen.

- **Rufe Gedächtnisinhalte wiederholt ab, dann vergisst du sie nicht!**
  Eigentlich ist dies jedem klar und doch nehmen wir uns viel zu wenig Zeit für die Wiederholung von Lernstoffen. Tröstlich ist dabei aber, dass etwa drei bis vier gezielte Wiederholungen reichen, um einmal Gelerntes nicht wieder zu vergessen.

- **Schütze dich vor einem Blackout durch sicher beherrschten Stoff!**
  Die beste Vorbeugung gegen eine Denkblockade während einer Prüfungssituation ist immer noch das sichere Beherrschen des Gelernten. Durch mehrfache Wiederholung werden Gedächtnisspuren stabilisiert, sodass du den betreffenden Stoff jederzeit abrufen kannst.

- **Wiederhole den Stoff zum richtigen Zeitpunkt!**
  Einen randvollen Suppenteller zu tragen, ist nicht ganz einfach: Zu Beginn, läufst du Gefahr, ziemlich viel von der Suppe zu verschütten. Ähnlich ist es mit dem Vergessen, innerhalb der ersten 24 Stunden vergessen wir sehr viel.

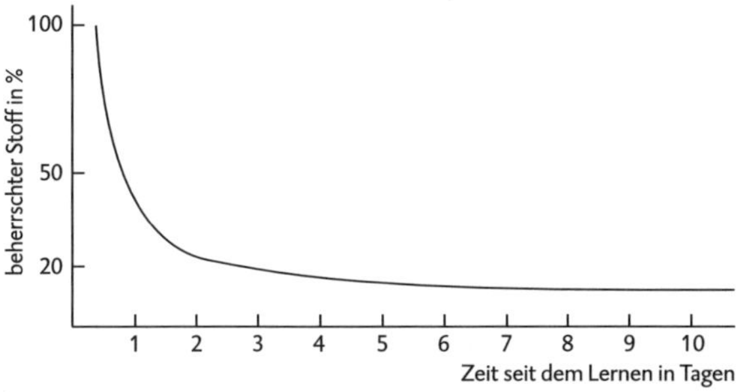

Innerhalb von 24 Stunden nach dem Lernen vergessen wir am meisten. Danach verlangsamt sich das Vergessen. Zurück bleibt ein konstantes Restwissen.

- **Setze vier Wiederholungen an, um Gelerntes langfristig abzuspeichern!**
  Willst du den rasanten Informationsverlust innerhalb des ersten Tages vermeiden und das Vergessen insgesamt bremsen, befolge diese Ratschläge:
  Lege eine **erste Stoffwiederholung nach einer einstündigen Lernperiode** ein. Sie muss nicht länger als 10 Minuten dauern.
  Plane eine **zweite Wiederholung** nach **Ablauf eines Tages** ein.
  Die **dritte Wiederholung** erfolgt **nach einer Woche**. Konzentriere dich auf Inhalte, die du bei den ersten beiden Wiederholungen vergessen hattest.
  Verzichte nicht auf die abschließende **vierte Wiederholung des gesamten Stoffes nach Ablauf von vier Wochen**.
  Jetzt kannst du sicher sein, dass du den Stoff langfristig abgespeichert hast.

- **Wiederhole nicht rein mechanisch, sondern werde selbst aktiv!**
  Erinnerst du dich? Wir behalten 90 % von dem, was wir selber tun: Lernstoff in eigene Worte fassen, ihn laut und lebhaft dem eigenen Spiegelbild vortragen, eine kleine Skizze davon anfertigen, sich unter Einsatz aller Sinne eine bildliche Vorstellung davon machen oder ihn einer anderen Person erklären – all dies erhöht die Wahrscheinlichkeit, dass das Gelernte wirklich im Gedächtnis bleibt.

Alles halb so wild! – Lernaufgaben erfolgreich meistern

Gewusst wie: Umgang mit Nachschlagewerken

Man muss ja nicht gleich ein wandelndes Lexikon sein. Mit dem richtigen Know-how findet man alles Wissenswerte im entsprechenden Nachschlagewerk.

„Wissen ist Macht!", so lautet eine alte Volksweisheit. „Nicht wissen, macht nichts!" verunglimpften Generationen von Schülern diesen Spruch auf Klotüren, Bänken, Schulhofmauern. Klar, kein Mensch hat alles im Kopf! Doch im Vorteil sind diejenigen, die gelernt haben, wo und wie sie fündig werden, wenn sie etwas nicht wissen. Nachschlagewerke wie Wörterbücher, Lexika und Grammatiken sind unerschöpfliche Informationsquellen und für jedermann rasch zugänglich.

Zugegeben, es ist nicht immer ganz einfach, sich im Dschungel der Kürzel und Zeichen zurechtzufinden. Was bedeuten Hieroglyphen wie ~, kleine Quadrate hinter Adjektiven, Zusätze wie v/i. hinter Verben? Doch keine Angst, das ist schnell gelernt.

- **Mache dich mit den verwendeten Abkürzungen und Zeichen vertraut!**
  Zum erfolgreichen Umgang mit Wörterbüchern und Lexika gehört nicht nur das Beherrschen des Alphabets. Viele unentbehrliche Informationen sind in Form von Kürzeln oder Zeichen verpackt. In allen Nachschlagewerken findest du eine so genannte Legende, gesonderte Benutzerhinweise, worin alle verwendeten Abkürzungen sowie Zeichen erklärt sind.

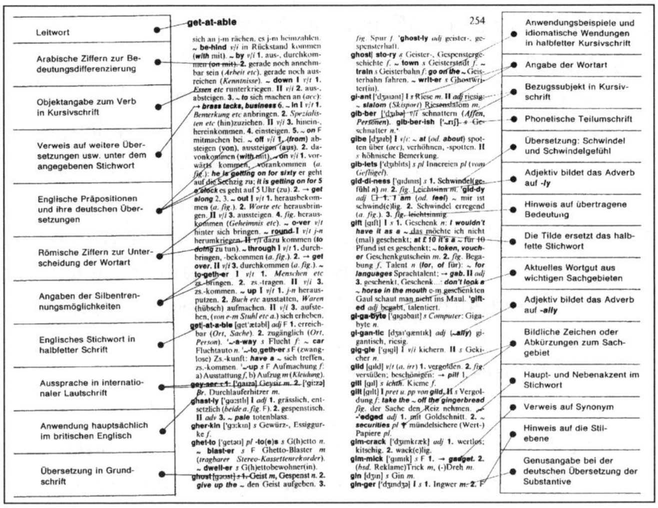

Eine vergrößerte Abbildung findest du im Anhang (S. 98).

- **Präge dir die wichtigsten Kürzel ein!**
  Kennst du die am häufigsten verwendeten Kürzel, sparst du viel Zeit beim Nachschlagen und erhältst wertvolle zusätzliche Hinweise. Auf der nächsten Seite findest du eine Liste der gängigsten Abkürzungen eines Englischwörterbuchs, die du dir gut einprägen solltest.

- **Benutze Wörterbücher nicht nur zur Bedeutungserschließung!**
  Ein gutes Wörterbuch enthält weitaus mehr Informationen als bloße Angaben zur Bedeutung eines fremdsprachlichen Ausdrucks. Du kannst daraus sofort ersehen, wie die Bildung eines Adverbs aus einem Adjektiv erfolgt, ob ein Verb transitiv bzw. intransitiv gebraucht wird, oder ob der Plural eines Substantivs regelmäßig gebildet wird. Einsprachige Wörterbücher – die man übrigens in der Oberstufe auch während der Klassenarbeiten verwenden darf – enthalten darüber hinaus unentbehrliche Informationen über mögliche Satzanschlüsse eines Verbs. So wird das englische Verb *to stick* sowohl transitiv als auch intransitiv gebraucht: *v/t: to stick sth. (pointed)* into …: etwas (Spitzes) in … stecken oder *to stick out:* vorstehen, abstehen (Ohren etc.). In Kombination mit unterschiedlichen Präpositionen kann es verschiedenste Bedeutungen haben: *to stick at sth.:* innehalten, zögern; *to stick on sth.:* kleben auf, an … Solche Aussagen über eine grammatisch korrekte Verwendung im Satzzusammenhang können für eine richtige Übersetzung von entscheidender Bedeutung sein.

- **Nutze die Tabellen im Anhang von Wörterbüchern!**
  Eine wahre Fundgrube an Wissenswertem bietet der Anhang von guten Wörterbüchern bzw. der Mittelteil in zweisprachigen Werken: Listen unregelmäßiger Verben, Tabellen mit Eigen- und Ländernamen, Übersichten über Währungen, Maße und Gewichte bis hin zu Temperaturskalen. Profis präparieren ihr Wörterbuch und das ist durchaus legitim, wenn du dich auf folgende Maßnahmen beschränkst: Versehe nützliche Tabellen mit farbigen Einmerkern und markiere den Beginn der Einträge zu den jeweiligen Buchstaben. Hierzu eignen sich Seitenreiter aus Klebetiketten oder festem Papier.

- **Mache dich mit den wichtigsten Nachschlagewerken vertraut!**
  Der Duden der deutschen Rechtschreibung, ein mehrbändiges Universallexikon, gute ein- und zweisprachige Wörterbücher und ein Weltatlas dürfen in keinem Bücherregal fehlen. Darüber hinaus existieren weitere Nachschlagewerke, deren Anschaffung – je nach persönlichem Fächerschwerpunkt – sinnvoll sein kann. Informiere dich bei deinem Lehrer oder in einer Fachbuchhandlung!

acc	*accusative*, Akkusativ, 4. Fall	*dat*	*Dative*, Dativ, 3. Fall
adj	*adjective*, Adjektiv, Eigenschaftswort	*e-r, e-e, e-s, e-m*	einer, eine, eines, einem
adv	*adverb*, Adverb, Umstandswort	*j-d, j-s, j-m, j-n*	jemand, jemandes, jemandem, jemanden
cj	*conjunction*, Konjunktion, Bindewort	*f /m /n*	*feminine /maskuline / neuter*, weiblich /männlich / sächlich
comp	*comparative*, Komparativ, 1. Steigerungsform d. Adjektivs	*gen*	*genitive*, Genitiv, 2. Fall
contp.	*contemptuously*, verächtlich	*npr*	*proper name*, Eigenname
pres	*present*, Präsens, Gegenwart	*v /aux*	*auxiliary verb*, Hilfszeitwort
pres p	*present participle*, Partizip Präsens, Mittelwort der Gegenwart	*v /i*	*intransitive verb*, Zeitwort, das keine Satzergänzung im 4. Fall bei sich haben kann
pret	*preterite*, Präteritum, 1. Vergangenheit	*v /impers*	*impersonal verb*, unpersönliches Zeitwort
pron	*pronoun*, Pronomen, Fürwort	*v /t*	*transitive verb*, Zeitwort, das eine Satzergänzung im 4. Fall bei sich haben kann
prep	*preposition*, Präposition, Verhältniswort		

Voller Durchblick bei schwierigen Texten: Texte bearbeiten mit Köpfchen

Der Inhalt von Texten zieht oft spurlos an uns vorüber. Besonders dann, wenn es sich um schwer verständliche oder unstrukturierte Texte handelt. Durch systematisches und gelenktes Lesen, kannst du dir jedoch die Texte gefügig machen und die wichtigen Informationen einprägen.

„Lest bis zur nächsten Stunde den Text im Lehrbuch auf Seite 74!" Besonders in den so genannten Lernfächern sind mündliche Hausaufgaben keine Seltenheit. Lehrer erteilen dabei häufig keine genaueren Arbeitsanweisungen. Vielleicht hast du selbst schon die bittere Erfahrung gemacht, dass der Inhalt eines Textes in der folgenden Unterrichtsstunde wie weggeblasen war, obwohl du den Text sorgfältig gelesen hattest! Um den Inhalt eines Textes zu erfassen und längerfristig zu behalten, solltest du systematisch vorgehen und folgende Schritte berücksichtigen:

- **Verschaffe dir einen Überblick!**
  Eine erste grobe Orientierung über die wichtigsten Inhalte liefern dir die Überschriften eines Textes. Ist der Text Teil eines Buches, lohnt es sich, das **Inhaltsverzeichnis** genauer zu studieren. In welchem Gesamtzusammenhang erscheint der Text, wie lautet das übergeordnete Thema? Enthält der Text weitere **Zwischenüberschriften** oder besonders **hervorgehobene Informationen** (Kursiv- oder Fettdruck, Unterstreichungen)? Oft werden

wichtige Aspekte zusätzlich von **Abbildungen** erläutert. Sieh sie dir deshalb **vor** dem Lesen an. Insgesamt erhältst du auf diese Weise ein Gerüst, an dem du nachfolgende Informationen aufhängen kannst.

- **Stelle Fragen zum Text!**
  Überlege dir vor dem ausführlichen Lesen kurz, was du bereits über das behandelte Thema weißt. Was interessiert dich an dem Thema? Wozu hättest du gern mehr Informationen? Durch solche Fragen aktivierst du deine Aufmerksamkeit während des Lesens und behältst die einzelnen Informationen besser.

- **Lies den Text abschnittsweise und markiere wichtige Informationen!**
  Ist der Text nicht durch Zwischenüberschriften gegliedert, unterteile ihn in **Sinnabschnitte**. Überlege dir dazu, wo jeweils ein neuer Gedankengang beginnt. Markiere die wichtigsten **Stichwörter**. Schlage dir **unbekannte Begriffe** nach oder lasse sie dir von einer kompetenten Person erklären.

- **Rekapituliere den Inhalt der einzelnen Abschnitte!**
  Versuche am Ende jedes Sinnabschnitts die darin enthaltenen Kernaussagen kurz wiederzugeben.

- **Fasse die Kernaussagen des gesamten Textes abschließend zusammen!**
  Versuche die zentralen Aussagen des Textes in eigene Worte zu fassen. Das kannst du anhand der unterstrichenen Textpartien tun. Noch besser ist es, wenn du die wichtigsten Inhalte schriftlich festhältst. Hier bietet sich die Anfertigung einer Stichworthierarchie oder eines *mind map* an. Dadurch verankerst du die Inhalte bereits beim Schreiben in deinem Gedächtnis.

Dein Verhalten beim Erschließen eines Textes gleicht dem eines Touristen in einer unbekannten Großstadt. Ein Reisender wird in der Regel nicht einfach loslaufen. Sonst verliert er die Orientierung und bekommt die charakteristischen Sehenswürdigkeiten der Stadt nicht zu Gesicht. Er wird sich vielmehr vor der Stadtbesichtigung mithilfe eines Reiseführers oder Stadtplanes einen ersten Überblick verschaffen. Ähnlich verhält es sich bei der Arbeit mit Texten. Beim unsystematischen Draufloslesen ist die Gefahr groß, sich in Details zu verlieren. Damit auch wirklich das Wichtige hängen bleibt, solltest du nach der Fünf-Schritte-Methode vorgehen:

Stadtbesichtigung	Textbearbeitung
1. **Überblick über groben Bauplan der Stadt verschaffen:** Turm besteigen, Stadtplan, Reiseführer studieren	1. **Textüberblick, erste grobe Orientierung:** Inhaltsverzeichnis, Überschriften und Zwischenüberschriften, besonders hervorgehobene Information: Kursiv- u. Fettdruck, Abbildungen
2. **Sehenswürdigkeiten ausfindig machen:** Was will ich sehen? Was interessiert mich besonders/nicht?	2. **Fragen stellen:** Worum geht es im Text? Was weiß ich bereits darüber? Was ist mir neu/interessiert mich?
3. **Besichtigung der Sehenswürdigkeiten:** Wichtige Details in ein Reisetagebuch notieren, Eindrücke fotografisch festhalten	3. **Detailinformationen erfassen:** Abschnitt für Abschnitt lesen, Wichtiges markieren, Antworten auf die gestellten Fragen finden
4. **Rekapitulieren der Eindrücke:** Auf der Heimfahrt, abends im Hotelzimmer	4. **Einzelne Abschnitte wiedergeben:** Kernaussagen wiedergeben
5. **Zusammenfassen der Eindrücke:** Anderen von der Stadtbesichtigung erzählen	5. **Zusammenfassende Wiederholung:** Zentrale Aussagen in eigene Worte fassen, einer anderen Person vortragen, Stichwörter notieren in Form eines Textauszugs, Spickzettels oder Lernplakats

Alles verpennt? – Unterrichtsmitschriften als Gedächtnisstützen

„Mitschreiben? Das riecht nach zusätzlicher Anstrengung und ist nur was für Streber!" So denken viele. Aber häufig ersparen schriftliche Notizen ein mühevolles Nacharbeiten zu Hause. Je mehr du bereits während des Unterrichts aufnimmst, desto weniger musst du dir ohne Hilfe aneignen.

Das Mitschreiben erhöht die Konzentration, da es zur Auseinandersetzung mit dem Stoff zwingt. So kannst du dich später besser an das Gesagte erinnern. Durch die Nutzung mehrerer Sinneskanäle – Hören, Schreiben, Lesen – wird die Verarbeitungstiefe erhöht und damit das Gelernte fester im Gedächtnis verankert. Mitschriften sind eine wertvolle Grundlage für die Unterrichtsvorbereitung, sei es für Klassenarbeiten, Prüfungen oder mündliche Mitarbeit. Du bist überzeugt ?! Dann solltest du Folgendes beachten:

- **Bemühe dich um eine knappe, prägnante Formulierung!**
  Ein Sprecher äußert ca. 130 Wörter pro Minute. Alle mitnotieren zu wollen, würde dir, außer einem Krampf in der Hand, nichts einbringen. Du solltest dich daher auf aussagekräftige Stichwörter beschränken. Eine Mitschrift wird in der Regel im Telegrammstil abgefasst. Eine Ausnahme bilden Regeln oder Definitionen, die der Lehrer meist an die Tafel schreibt oder diktiert. Um das Wichtige vom Unwesentlichen zu filtern, solltest du dir immer die

Frage stellen: Was ist der Kerngedanke des Vortrags? Meist lässt er sich in wenigen Stichworten zusammenfassen. Scheue dich im Zweifelsfall nicht davor, beim Lehrer nachzufragen. Ziel deiner Mitschrift ist es, später eine Art schriftliches Gedankengerüst zu besitzen, mit dessen Hilfe du Einzelheiten rekonstruieren kannst.

- Verwende lose DIN-A4-Blätter anstatt gebundener Hefte!
  Sie erlauben spätere Nachträge oder Ergänzungen – bei Bedarf lässt sich einfach ein Blatt dazwischen schieben bzw. neu entwerfen.

- Achte auf eine übersichtliche Darstellung!
  Bewährt hat sich die **Einteilung des Blattes in vier getrennte Bereiche:** Titelleiste (1), Textfeld (2), Randspalte (3) und Ergänzungsfeld (4).

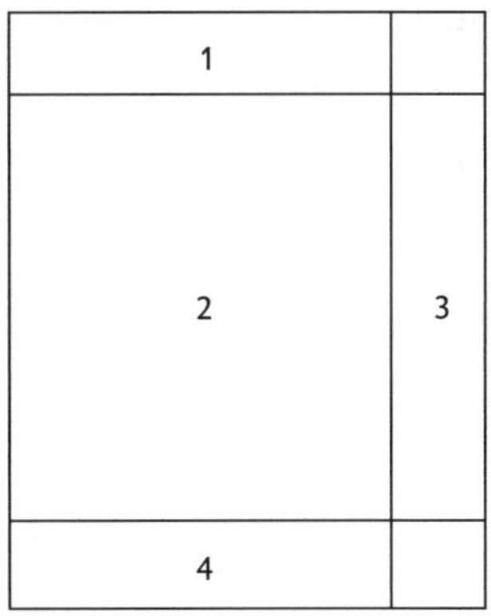

1. Titelleiste (ca. 2 cm breit): Darin trägst du das betreffende **Unterrichtsfach** ein, das übergeordnete **Thema** der Stunde, die Hauptüberschrift, das **Datum** der Mitschrift sowie eine **fortlaufende Seitennummerierung,** damit du das Blatt jederzeit aus deinem Ablageordner nehmen und mühelos wieder einordnen kannst.

2. Textfeld: Dort hältst du die wichtigsten Informationen der Stunde, **Erklärungen** und **Erläuterungen** des Lehrers, das **Tafelbild,** wichtige **Beispiele, Regeln** und **Merksätze, Fachausdrücke** und ihre **Definitionen** fest. Hebe die Kernaussagen auch grafisch hervor, indem du sie durch Farben oder verschiedene Schriftgrößen bzw. -arten absetzt.

3. Randspalte (ca. 3 cm): In der Randspalte notierst du **Schlüssel- oder Stichwörter**, die den Inhalt des Textfeldes stichpunktartig zusammenfassen, und **eigene Kommentare,** in Form von Kürzeln und Querverweisen zu anderen Textnotizen. Diese Zusammenfassung kannst du auch zu Hause vornehmen. Auf diese Weise setzt du dich noch einmal intensiv mit dem Inhalt der Mitschrift auseinander und prägst ihn dir gleichzeitig ein. Beim Vorbereiten für eine Prüfung kannst du den Lernstoff mithilfe der Randstichwörter rasch wiederholen.

4. Ergänzungsfeld: Hier ist Platz für nachträgliche, wichtige Ergänzungen des Lehrers, die nicht mehr ins Textfeld passen, Fußnoten, Quellenangaben und eigene wichtige Gedanken und Kommentare oder erläuternde Zitate.

- **Lege Notizen am besten sofort in einem geeigneten Ablagesystem ab!** Nichts ist lästiger, als in einem Wust an wahllos gestapelten Blättern die gerade benötigten Aufzeichnungen suchen zu müssen. Sortiere deine eben erstellten Mitschriften mithilfe eines geeigneten Ablagesystems (Ordner, Hängeregister, Schnellhefter). Die fortlaufende Nummerierung in der Titelleiste deiner Notizen sorgt für Übersichtlichkeit.

Ku Impressionismus 23.03	(14)
Um 1870 entstandene <u>Kunstrichtung</u>, geist. Zentrum Paris.	Entstehung um 1870, Paris
<u>Begriffsbezeichnung</u> abgeleitet von einem 1874 ausgestellten Bild des franz. Malers Claude Monet mit dem Titel: „Impression, soleil levant“ → lat. impressio „Eindruck“	Begriff v. e. m Werk Monets
<u>Eindruck und Empfindung</u> im Mittelpunkt impressionist. Kunst. Charakterist.: Einfangen von Stimmungen, augenblickl., zufälliger Erscheinungen	Charakterist. Merkmale impressionist Kunst
<u>Bevorzugter Gegenstand der Malerei</u>: freie Natur, Einfangen von Licht, Atmosphäre, Bewegung, vorwiegend helle Farben, konturenauflösende Malweise, Skizzenhaftigkeit, Verwischtheit	
<u>Führende französ. Maler</u> des I.: E. Manet, C. Pissarro, E. Degas, A. Sisley, B. Morisot, A. Renoir (bekanntester Vertreter)	Franz. Vertreter
<u>In Dtl.</u>: F. von Uhde, M. Slevogt, M. Liebermann, W. Leibl, L. Corinth, C. Schuch, W. Trübner	Deutsche Vertreter
Impressionist. Maler distanzierten sich von d. klassischen Ausbildung an d. staatl. Kunstakademie, der Forderung nach konservativer genauer Zeichn. im Stil der Antike	Programm der Impressionisten
„Unsere anarchismuserfüllten Ideen färben auf unsere Werke ab.“ Camille Pissarro Auch in d. Literatur & Musik impressionist. Kunstrichtung, aber etwas später	

Mitreden um jeden Preis! – Mündliche Mitarbeit im Unterricht

Manchmal kostet es große Überwindung, sich in das Unterrichtsgeschehen einzuschalten. Doch es lohnt sich: Eine solide mündliche Mitarbeit wird von den Lehrern sehr geschätzt und gibt häufig den Ausschlag, wenn die Zeugnisnote auf der Kippe steht.

- ☐ Lässt du lieber die anderen reden?
- ☐ Hast du es dick, wenn dich die ganze Klasse anstarrt, während du sprichst?
- ☐ Kriegst du manchmal eine rote Birne, wenn dir keine passende Antwort auf die Frage des Lehrers einfällt?
- ☐ Guckst du deinem Lehrer möglichst wenig in die Augen, damit er dich nicht dran nimmt?

Treffen mehrere dieser Aussagen auf dich zu, gehörst du vermutlich zu den Schweigsameren, die sich nur in den hinteren Bänken so richtig wohl fühlen. Doch vieles spricht dafür, dir selbst mal einen Ruck zu geben und mitzumischen in der Arena der öffentlichen Redner:

- **Mündlich aktive Schüler bekommen die besseren Noten!**
  Untersuchungen zufolge schneiden die Schüler besser ab, die sich mündlich geschickt ausdrücken können und im Unterricht eifrig mitarbeiten.

- **Melde dich freiwillig, dann wirst du nicht so oft aufgerufen!**
  Manche Lehrer besitzen einen untrüglichen Instinkt dafür, wer im Bilde ist und wer nicht. Zielsicher rufen sie dich genau dann auf, wenn du dich gerade angeregt mit deinem Banknachbarn über das neueste Kinoprogramm austauschst. Doch häufig wittern sie fälschlicherweise Unwissenheit, bloß weil deine Hände brav im Schoß liegen und du den Blickkontakt tunlichst vermeidest. Besser du nimmst das Ruder selbst in die Hand und meldest dich freiwillig, wenn du etwas weißt.

- **Sprich laut und deutlich und blicke deinen Gesprächspartner dabei an!**
  Wie wirkt es auf dich, wenn dich dein Gesprächspartner beim Reden nicht eines Blickes würdigt? Fehlenden Blickkontakt interpretieren wir häufig als Unsicherheit oder als Mangel an Interesse oder, schlimmer, Missachtung. Also sieh deinen Gesprächspartnern in die Augen! Zudem verliert selbst ein genialer Beitrag viel von seiner Wirkung, wenn du ihn leise und undeutlich in den Bart murmelst und dabei auf den Boden starrst. Wie in vielen Untersuchungen nachgewiesen wurde, hängt das Wohlwollen der Zuhörer wesentlich von der Art des Vortrags ab.

- **Baue deine Nervosität beim Reden ab!**
  Unsicherheit ist keine Schande! Auch wenn du nicht der geborene Redner bist, kannst du dein Sprechverhalten durch einfache Maßnahmen trainieren. Hast du es schon einmal mit einem Kassettenrekorder probiert? Wiederhole den Stoff der letzten Stunde, indem du ihn zu Hause möglichst frei, in knappen korrekten Sätzen auf Band sprichst. Du kannst auch einem Familienmitglied oder einfach deinem Spiegelbild eine kurze Zusammenfassung vortragen. Wichtig ist, dass du möglichst viele Gelegenheiten nutzt, um freies Formulieren zu üben. So gewinnst du auf Dauer mehr Sicherheit beim Reden.

- **Bastle nicht an perfekten oder ausgefallenen Formulierungen!**
  Überlegst du vor jeder Meldung krampfhaft, wie du deinen Beitrag druckreif formulierst, blockierst du dich selbst. Außerdem sind die anderen meist schon ganz woanders, wenn du zu lange zögerst. Einfache, überschaubare Sätze reichen vollkommen aus und erleichtern deinen Zuhörern das Mitdenken.

- **Melde dich in jeder Stunde mindestens drei Mal!**
  Nimm dir vor, in jeder Stunde wenigstens ein paar Mal über deinen Schatten zu springen und dich ganz bewusst am Unterrichtsgeschehen zu beteiligen. Das Bild, das sich dein Lehrer von dir macht, hängt in erheblichem Maße von deiner mündlichen Mitarbeit ab. Durch gelungene Beiträge sammelst du Pluspunkte. Und steht die schriftliche Note einmal auf der Kippe, kann deine mündliche Note das Zünglein an der Waage sein!

- **Beteilige dich an Diskussionen!**
  Versuche während des Unterrichts möglichst frühzeitig in Diskussionen einzusteigen. Lass dich dabei nicht von den superschlauen Rednern einschüchtern, die offenbar immer etwas zu sagen wissen. Fasse deine Beiträge kurz und bleibe beim Thema. Auch wenn du einmal anderer Meinung bist als die Mehrheit deiner Mitschüler, versuche deinen Standpunkt mit geeigneten Argumenten zu vertreten. Interessante Diskussionen leben von Gegensätzen.

- **Wähle einen Sitzplatz, an dem du gut siehst und hörst und selbst gut gesehen und gehört wirst!**
  Hast du dich aus Sicherheitsgründen in die letzte Bank zurückgezogen, mag dort zwar die Stimmung „cool" sein, aber die Akustik ist es meist nicht. In den vorderen Reihen hast du eine bessere Sicht und es ist in der Regel weniger anstrengend dem Unterrichtsgeschehen zu folgen.

- **Führe ein Verzeichnis über mündliches Abfragen!**
  In manchen Hausaufgabenheften, z. B. dem „Schüler Hausaufgabenheft", Verlag Reiter & Klingberg GbR, sind dafür spezielle Tabellen vorgesehen. Du notierst jeweils, wer deiner Mitschüler, wann mündlich abgefragt wurde. So behältst du den Überblick und kannst dir ungefähr ausrechnen, wann es dich – hoffentlich vorbereitet! – treffen wird.

Keep cool! – Klassenarbeiten mit Erfolg bewältigen

Super in der Klassenarbeit abzuschneiden – davon träumt jeder Schüler. Wenn du regelmäßig mitarbeitest und dich sorgfältig vorbereitest, ist dieser Traum gar nicht so schwer zu verwirklichen.

„Oh nein, morgen ist Englisch-Klassenarbeit! Die Zeit drängt! Jetzt heißt es richtig ranklotzen und notfalls 'ne Nachtschicht einlegen." Es ist erstaunlich, welche Energiereserven manche Schüler kurz vor einer Klassenarbeit oder Prüfung mobilisieren. Aus der Sicht der Lern- und Gedächtnisforscher verstößt dies jedoch gegen grundlegende Lerngesetze. Wesentlich effektiver ist es, die Vorbereitung auf eine Klassenarbeit langfristig zu planen und wenigstens vier Tage dafür anzusetzen. Doch selbst dieser Zeitraum ist knapp bemessen, wenn du größere Lücken aufarbeiten musst. Versuche daher, immer auf dem Laufenden zu bleiben, auch wenn es sich nicht gerade um dein Lieblingsfach handelt.

- **Vor der Prüfung: Trage alle Termine in einen Kalender ein!**
  Tu dies unmittelbar nach ihrer Ankündigung durch den Lehrer, damit du sie nicht vergisst und dich rechtzeitig vorbereiten kannst.

- **1. Vorbereitungstag: Verschaffe dir einen Überblick!**
  Welchen Stoff musst du beherrschen? Was ist wichtig? Wo hast du Lücken? Was musst du üben? Erstelle eine **Stoffliste** mit allen wichtigen Themen.

- **2. Vorbereitungstag: Eigne dir den Stoff gezielt an!**
  Lerne den ausgewählten Stoff. Portioniere ihn dabei in überschaubare Einheiten von 20 bis 30 Minuten. Schalte zwischen jede Lerneinheit eine Pause. Versuche dir die Lerninhalte möglichst anschaulich zu vergegenwärtigen.

- **3. Vorbereitungstag: Überprüfe dein Wissen!**
Formuliere den Lernstoff mit eigenen Worten, indem du ihn einem aufmerksamen Zuhörer erklärst. So wirst du schnell auf eventuell vorhandene Lücken oder Unsicherheiten aufmerksam. Eine gute Übung ist die Nachstellung des Ernstfalls: Überlege dir mögliche Aufgaben und bearbeite sie in einer vorher festgelegten Zeit, stelle dir einen Wecker. So lernst du, die zur Verfügung stehende Zeit realistisch einzuschätzen. Mehr Spaß macht eine simulierte Klassenarbeit natürlich, wenn du mit einem Freund zusammenarbeitest.

- **4. Vorbereitungstag: Wiederhole alles und gönne dir eine Ruhepause!**
Am Tag vor der Klassenarbeit solltest du dir keine neuen Lerninhalte aneignen. Ein Lernvorgang endet nämlich nicht mit dem Zeitpunkt, an dem wir aufhören zu lernen. Unser Gehirn beschäftigt sich, ohne dass wir dies bewusst wahrnehmen, weiter mit dem Stoff. Gönne dir eine Ruhephase, in der du dein Gehirn nicht mit neuen Eindrücken bombardierst. Um gut schlafen zu können, sollte zwischen dem Lernen und dem Zubettgehen mindestens eine Stunde der Entspannung liegen.

- **Prüfungstag: So verhältst du dich während der Klassenarbeit.**
Verschaffe dir einen Überblick über die Aufgabenstellungen und beginne mit einer nicht zu schwierigen. Lies die Arbeitsanweisung sorgfältig durch. Weißt du absolut nicht weiter, wende dich einer anderen Aufgabe zu. Orientiere dich an den vergebenen Punktzahlen und behalte die Zeit im Auge.

Der 4-Tage-Vorbereitungsplan

Vorbereitungsplan für die Klassenarbeit in .... am			
1. Tag: Überblick verschaffen	**2. Tag:** Stoff gezielt aneignen	**3. Tag:** Wissen überprüfen	**4. Tag:** Gesamtwiederholung und Ruhephase
Trage alle zu lernenden Themenbereiche ein (Stoffliste)!	Kennzeichne bereits gelernten Stoff mit einem Häkchen! √	Markiere Stoff, den du noch nicht beherrschst mit einem Ausrufezeichen (!) und vertiefe ihn noch einmal!	Wiederhole konzentriert den gesamten Stoff aus Spalte 1! Vergiss die verdiente Erholung nicht!

Vokabeln pauken, nein danke!

Das italienische Wort für „Geschenk" heißt „regalo". Dieser Ausdruck erinnert sofort an den deutschen Begriff „Regal". Um das italienische Wort mit seiner Bedeutung zu verknüpfen, stelle dir Folgendes vor: Auf dem Regal liegt ein riesiges, blau eingewickeltes Geschenk mit einem breiten goldglänzenden Band. Am leichtesten merken wir uns Vokabeln, wenn wir sie mit einem bestimmten Bild assoziieren.

Verknüpfe fremdsprachliche Bezeichnungen möglichst mit einem lebhaften und plastischen Bild. Setze dazu alle deine Sinne ein. Welche Seh-, Hör-, Tast- oder gar Geruchs- bzw. Geschmacksempfindung kannst du mit der Bedeutung eines Wortes verbinden? Mit etwas Fantasie lassen sich auch abstrakte Inhalte mit einem konkreten Bild verknüpfen. Du könntest dir zum englischen „liberty" die riesige Freiheitsstatue in New York vorstellen. Präge dir die Vokabeln gezielt ein, damit du mehr Vokabeln erinnerst und weniger Wiederholungen benötigst.

- **Teile die Lernvokabeln in Blöcke von ca. 7 Wörtern ein!**
  Eine Vokabel mehr oder weniger schadet nicht! Doch, du erinnerst dich: Das Kurzzeitgedächtnis kann im Schnitt nicht mehr als sieben neue Informationen unmittelbar nacheinander aufnehmen. Markiere das Ende einer Siebener-Gruppe vorsichtig mit Bleistift.

- **Präge dir die ersten 3–4 Vokabeln des 1. Siebener-Blocks ein!**
  Lies dazu den fremdsprachlichen Ausdruck sowie dessen deutsche Übersetzung einmal **laut.** Achte auf eine korrekte Aussprache und stelle dir ein möglichst anschauliches Bild vor, das sich mit dem betreffenden Wort verbinden lässt. Wiederhole jede Lernvokabel ein- bis zweimal **ohne** Blick aufs Blatt. Wiederhole anschließend **alle** vier Vokabeln aus dem Gedächtnis.

- **Verfahre mit den restlichen Vokabeln des 1. Siebener-Blocks genauso!**

- **Lege nach dem Erlernen eines Blocks eine Pause ein!**
  In dieser Zeit solltest du dir keinen neuen Lernstoff aneignen bzw. anspruchsvolle Aufgaben durchführen, die eine hohe geistige Konzentration erfordern. Sonst kann es zu Störungen des Vokabel-Lernprozesses kommen.

- **Wiederhole alle zu lernenden Vokabeln!**
  Nach dem Lernen aller Blöcke solltest du dir die Vokabeln nochmals ins Gedächtnis rufen. Verdecke dazu die deutsche Übersetzung mit einem Blatt und prüfe, welche Vokabeln sitzen. Nicht gewusste Vokabeln markierst du durch einen Bleistiftpunkt, der sich später wieder ausradieren lassen sollte.

- **Wiederhole die Vokabeln regelmäßig, um sie langfristig zu speichern!**
  Da der Prozess des Vergessens bestimmten Gesetzmäßigkeiten unterliegt, solltest du deine Lernwörter in ganz bestimmten Abständen abfragen:
  nach 1 Tag – nach 1 Woche – nach 1 Monat – nach 6 Monaten
  Und es lohnt sich: Eine Wiederholung nach längerer Zeit wirkt Wunder!

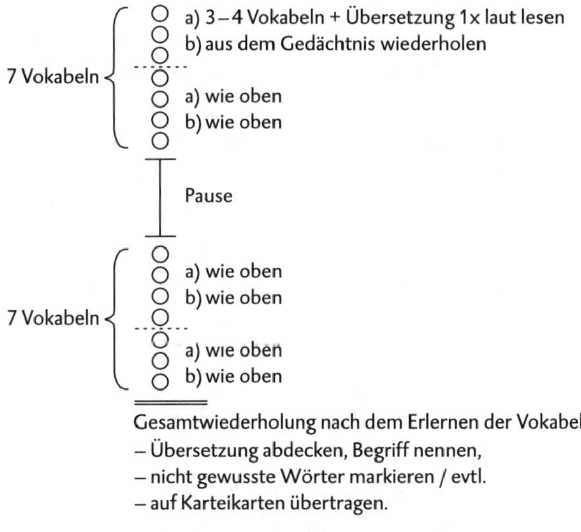

- Präge dir **schwer eingängige Vokabeln mithilfe einer Vokabelkartei ein.**
  Grundsätzlich empfehle ich eine Vokabelkartei mit allen Vokabeln nur denjenigen, die einen wirklich langen Atem besitzen. Allen anderen hilft eine weniger aufwändige Variante, bei der nur Vokabeln aufgenommen werden, die auch nach wiederholtem Lernen nicht erinnert werden.

Chinesische Dörfer? – Fremdsprachentexte erschließen

Auch wenn dir die Ausdrücke eines fremdsprachigen Textes zunächst wie chinesische Dörfer erscheinen: Widerstehe der Versuchung, dich Wort für Wort voranzukämpfen! Hast du erst einmal die Hauptaussage des Textes verstanden, lassen sich unbekannte Ausdrücke meist aus dem Kontext erschließen.

Auch bei einem Text in fremder Sprache solltest du vom Ganzen zu den Teilen gehen. Lass dich nicht von unbekannten Begriffen oder Wendungen verunsichern, sondern versuche ungefähr zu erfassen, wovon die Rede ist:

- **Verschaffe dir einen Überblick über den Inhalt des Textes!**
  Dies kannst du mithilfe von Textpassagen tun, in welchen die Information in besonders verdichteter Weise erscheint: **Überschriften, Zwischenüberschriften, Hervorhebungen durch Kursiv- oder Fettdruck, Abbildungen**. Auch der **erste und letzte Satz oder Abschnitt** eines Textes verdient besonderes Augenmerk: Die Einleitung formuliert häufig eine Kernthese, die im Hauptteil anhand von Beispielen erläutert wird. Im letzten Absatz fasst der Autor die wesentlichen Gedanken oft noch einmal zusammen oder zieht wichtige Schlussfolgerungen aus dem Gesagten.

- **Überfliege den Text von Anfang bis Ende!**
  Lies den Text zügig durch und widerstehe dabei dem Griff zum Wörterbuch. Versuche dabei lediglich Antworten auf die Fragen zu finden:
  Worum geht es in dem Text? Was will der Autor dem Leser mitteilen?

- **Lies den Text Abschnitt für Abschnitt!**
  Beim detaillierten Lesevorgang markierst du **wichtige Informationen** bzw. **Schlüsselbegriffe** (unterstreichen oder farbig hervorheben). Du solltest dich jeweils auf Schlagworte beschränken, die Kerngedanken zusammenfassen.

Während dieses Arbeitsvorgangs kennzeichnest du auch unbekannte Begriffe (durch Unterringeln). Nur wenn du diese aus dem Kontext nicht erschließen kannst, nimmst du das Wörterbuch zu Hilfe.

- **Erledige die Arbeitsaufträge zum Text!**
  Die bisher beschriebenen Schritte bilden die Grundlage für die eigentliche Textarbeit. Mithilfe der markierten Schlüsselstellen lassen sich die verschiedenen Aufgabenstellungen zum Text meist rasch bearbeiten: Verständnisfragen beantworten, Argumentationsstruktur oder Gliederung analysieren, ein Resümee erstellen, eine persönliche Stellungnahme formulieren.

- **Eigne dir für die Textarbeit nützliches Vokabular an!**
  Es ist äußerst hilfreich, über ein Repertoire an Formulierungen zu verfügen. Damit kannst du mühelos Antworten zu einzelnen Aufgabenstellungen elegant einleiten und sparst viel Zeit. Es gibt solche Formulierungshilfen für alle Fremdsprachen. Hier sollen englische Stellungnahmen vorgestellt werden.

Stellungnahme

Wenn man wie oben dargestellt vorgegangen ist und zudem überprüft hat, ob Meinungsäußerung und Begründung tatsächlich den Kern des Themas treffen, dann kann man sich bei der Ausführung ganz auf Stil, sprachlichen Ausdruck und sprachliche Geschlossenheit konzentrieren. Vor allem muss man sicherstellen, dass die Ausführung verständlich und im Ausdruck eindeutig sowie treffend formuliert wird. Häufig neigen Schüler dazu, bei komplizierten Sachverhalten schwierige Ausdrücke und komplexe Satzgefüge zu verwenden, was bei nicht ganz sicherer Beherrschung der Fremdsprache schnell zu Unklarheiten und Missverständnissen führt. Daher sollte grundsätzlich gelten: Je komplizierter der Sachverhalt, desto einfacher die Ausdrucksweise.
Auch auf die sprachliche Geschlossenheit der Ausführung ist besonders zu achten. Die einzelnen Sätze müssen also so miteinander verknüpft werden, dass der Gedankengang nachvollziehbar zum Ausdruck kommt.

Hilfreiche Ausdrücke und Wendungen

Einstieg:
- Personally, I think/feel …
- In my opinion …
- I object to …
- To my mind …

Entwicklung:
- First of all …/Furthermore …
- To begin with …/Next …
- One reason for this …/Another reason …
- Likewise it must be mentioned …
- And above all …
- This can be seen …/So, for instance, …

Schluss:
- In a word …
- To conclude …
- As a result …
- Consequently …

Bei einer Textaufgabe im Rahmen einer Klausur oder Prüfung stellt man abschließend noch die ungefähre Wortzahl der Arbeit fest, denn die in der Aufgabenstellung vorgegebene Richtzahl sollte nicht wesentlich über- oder unterschritten werden. Als tolerierbar gilt in der Regel eine Über- oder Unterschrei-

(Aus: Abitur-Training Englisch „Grundfertigkeiten des Schreibens", Stark Verlag, Verlags-Nr. 94466, S. 154)

Im Rampenlicht – Souverän vortragen

Freies Sprechen und sicheres Auftreten tragen entscheidend zum Erfolg eines Vortrags bei. Beides lässt sich unter Beachtung einfacher Regeln trainieren.

Sascha hasst Referate: Er atmet dreimal tief durch, huscht nach vorne und nimmt am Pult des Lehrers Platz. Mit betont gleichmäßiger Stimme arbeitet er sich Satz für Satz durch sein sorgfältig ausgearbeitetes Manuskript. Manchmal hat er Mühe, seine eigene Handschrift zu entziffern. Trotzdem beendet er ohne Stolpern sein Referat. Mit einem aufatmenden „Das wär's!" steuert er hastig seinen Sitzplatz an. Selbst wenn Saschas Vortrag durch inhaltliche Brillanz beeindrucken mag, könnte er ihn durch eine Reihe einfacher Maßnahmen entscheidend verbessern. Denn besonders bei einem Vortrag gilt: Nicht nur was, sondern wie wir etwas sagen, entscheidet über den Erfolg einer Rede:

- **Stelle Kontakt zum Publikum her!**
  Gewinnst du bereits zu Beginn deines Vortrags die wohlwollende Aufmerksamkeit deines Publikums, wird es dir interessiert zuhören. Ein offener, ruhiger und freundlicher Blick signalisiert deinen Zuhörern Wertschätzung. Er demonstriert persönliche Sicherheit und unterstreicht das Gesagte. Zudem behältst du durch Blickkontakt die Reaktionen deines Publikums im Auge und kannst flexibel darauf reagieren.

- **Beziehe dein Publikum ein!**
  Versetze dich in die Erlebniswelt deiner Zuhörer und knüpfe an deren Erfahrungen an. Ein souveräner Redner nimmt Impulse aus dem Publikum auf, ohne sich aus dem Konzept bringen zu lassen. Du könntest einfügen: „An euren skeptischen Blicken sehe ich, dass ...", „Ihr habt bestimmt auch schon die Erfahrung gemacht ...", „Ihr fragt euch vielleicht, warum ..."

- **Sprich frei!**
Ein Manuskript in Stichworten ist viel übersichtlicher als ein fortlaufender Text und verringert die Gefahr, aus dem Fluss zu geraten. Gestalte deine Notizen gut leserlich in ausreichender Schriftgröße, mindestens 14 Punktschrift. Gut eignen sich dafür Karteikarten im DIN-A6-Format. Sie bieten den Vorteil, dass du in deiner Gestik weniger eingeschränkt bist als durch größere, oft einknickende Ringbuchblätter.

- **Unterstreiche deine Rede durch lebhafte Mimik und Gestik!**
Eine ausdrucksvolle Mimik und Gestik belebt deine Ausführungen. Sie muss aber deinem persönlichen Temperament entsprechen und ist idealerweise weder zu ruhig noch zu übertrieben. Vermeide hektisch wirkende Marotten wie ständiges Haare-aus-der-Stirn-Schütteln und nervöses Kratzen.

- **Gestalte deinen Vortrag verständlich!**
Achte bei der Gestaltung deines Referats auf folgende Punkte:
1. Einfachheit: Verwende eine einfache und anschauliche Ausdrucksweise und verzichte auf Schachtelsätze sowie überflüssige Fremdwörter. Erkläre wichtige Fachausdrücke. Orientiere dich am Sprachniveau deiner Zuhörer.
2. Gliederung, Ordnung: Baue deinen Vortrag klar und übersichtlich auf. Verschaffe deinen Zuhörern zunächst einen Überblick über die Gliederung deines Vortrags. Gib deinem Publikum Strukturierungshilfen: Verdeutliche neue Gliederungspunkte, betone wichtige Gedanken und Kernsätze, biete gelegentliche Zusammenfassungen und Hinweise auf Querverbindungen.
3. Kürze, Prägnanz: Vermeide Weitschweifigkeit aber auch extreme Kürze. Gelegentliche Wiederholungen sind notwendig, um dem Zuhörer die Aufnahme unbekannter oder komplizierter Sachverhalte zu erleichtern.

- **Habe den Mut, Pausen zu machen!**
Setze bewusst Pausen. Sie verschaffen dir Zeit zum Nachdenken und erleichtern dem Zuhörer, dem Vortrag zu folgen. Außerdem kannst du Sprechpausen geschickt zur Erzeugung von Spannung einsetzen.

- **Setze einen deutlichen Anfangs- bzw. Schlusspunkt!**
Die Einleitung sollte gut überlegt werden, da sie den Kontakt zum Publikum herstellt, Aufmerksamkeit weckt und zum Thema hinführt. Nimm dir Zeit für eine klare Schlussbemerkung, etwa eine Frage zum Weiterdenken, einen Ausblick auf weitere Gesichtspunkte des behandelten Themas oder eine Aufforderung zum Handeln.

Selbsthilfe durch Lernhilfen

Wenn einem das Wasser bis zum Halse steht, ist guter Rat teuer. Lernhilfen scheinen da oft die letzte Rettung zu sein. Allerdings ersetzen auch sie nicht das konsequente Arbeiten!

Wissenslücken, versäumte Mitschriften, schwer lesbare Aufzeichnungen von Klassenkameraden oder fehlende Arbeitsblätter können dich kurz vor Prüfungen ganz schön unter Druck setzen. Woher sollst du die Zeit nehmen für das Zusammenstellen von Textauszügen, Kopieren, Besorgen zusätzlicher Lehrmaterialien oder das Beschaffen fehlender Unterlagen? Lerntrainer nehmen dir diese Arbeiten vielfach ab und helfen Zeit zu sparen: Sie bieten Wissen in konzentrierter Form, orientiert am Lehrplan der jeweiligen Bundesländer und Klassenstufen. Ihre Verfasser stammen meist aus der Praxis, d. h. sie sind selbst Lehrer und kennen die speziellen Probleme eines Schülers. Sie sind außerdem kostengünstiger als Nachhilfestunden und in vielen Fällen genauso wirksam. Solltest du dich zum Arbeiten mit Lerntrainern entschließen, beachte Folgendes:

- **Erstelle eine möglichst genaue Diagnose deiner Lücken!**
  Welchen Stoff hast du nicht verstanden? Was musst du gezielt erarbeiten bzw. vertiefen? Wenn die Zeit drängt, weil Klassenarbeiten oder Prüfungen anstehen, legen wir oft ein panisches Arbeitsverhalten an den Tag. Um unser Gewissen zu besänftigen, lernen wir unsystematisch drauflos, ohne eine genaue Bestandsaufnahme der vorhandenen Defizite. Doch gerade bei akuter Zeitnot kommt es darauf an, gezielt an der richtigen Schwachstelle anzusetzen. Erstelle daher zunächst eine möglichst exakte Liste mit deinen persönlichen Problemschwerpunkten.

- **Besorge dir die passenden Lernhilfen!**
  Studiere das Inhaltsverzeichnis bzw. das Register einer Lernhilfe und lies einen Auszug des Textes, bevor du dich zum Kauf entscheidest. Findest du darin Erklärungen und Antworten zu deinen persönlichen Schwierigkeiten, die für dich gut verständlich sind? Gute Lerntrainer sind zweigeteilt: Neben einem Theorieteil mit erläuternden Beispielen, der dir das nötige Hintergrundwissen vermittelt, findest du einen ausführlichen Aufgabenteil mit Lösungen. Achte darauf, dass die Erklärungen und Lösungen für dich nachvollziehbar sind. In einigen Mathe-Trainern werden nur die Ergebnisse genannt, nicht aber die Lösungswege beschrieben.

- **Arbeite regelmäßig mit der Lernhilfe!**
  Wandern Lernhilfen lediglich ins Regal, um – allein durch ihre Anwesenheit – dein Gewissen zu beruhigen, solltest du das Geld dafür besser sparen. Reserviere dir täglich eine feste Zeit, etwa 20 Minuten, in der du ausgesuchte Themen durcharbeitest. Auch hier gilt: Weniger ist mehr. Der Lerneffekt ist am größten, wenn du dir in regelmäßigen Abständen kleine bis mittlere Lernportionen vornimmst. Voraussetzung hierfür ist allerdings, dass du nicht erst auf den letzten Drücker mit dem Arbeiten beginnst.

Was ist die Quintessenz? – Textauszüge erstellen

„Ich muss unbedingt das Wichtigste aus dem Buch herausschreiben – aber das ist ja so viel Text!" Die Quintessenz eines Textes zu erkennen, fällt oft nicht leicht. Besonders, wenn es sich um einen schwierigen Text handelt. Doch mithilfe einiger Kniffe kannst du rasch einen brauchbaren Textauszug erstellen.

Um einen schriftlichen Textauszug, ein Exzerpt, anzufertigen, musst du einen Text gründlich gelesen und verstanden haben. Der erste wichtige Schritt ist deshalb das gelenkte Lesen, wie auf den Seiten 51 f. beschrieben. Nachstehend findest du eine Zusammenfassung aller wichtigen Schritte auf dem Weg zum fertigen Exzerpt. Zum Teil werden sie dir bekannt vorkommen, da du sie auch beim mündlichen Erarbeiten vonTexten durchlaufen musst:

- **Verschaffe dir einen Überblick über das Thema!**
  Wie bereits erwähnt, solltest du dir schon **vor** dem eigentlichen, Lesen eine erste Orientierung über die wesentlichen Inhalte des Textes verschaffen. Das Inhaltsverzeichnis eines Buches liefert dir Aufschluss darüber, in welchem übergeordneten Zusammenhang der Text erscheint. Mithilfe von Überschrift, Zwischenüberschriften, besonders hervorgehobenen Textstellen und Abbildungen findest du schnell heraus, worum es im Wesentlichen geht.

- **Sieh dir zunächst den ersten und letzten Textabschnitt genauer an!**
  Der erste Abschnitt von Sachtexten formuliert häufig eine Kernthese, die im nachfolgenden Hauptteil anhand von Beispielen erläutert wird. Im letzen Abschnitt fasst der Autor gewöhnlich das Gesagte zusammen oder zieht eine wichtige Schlussfolgerung.

- **Lies den Text gründlich, Abschnitt für Abschnitt!**
  Mit etwas Übung kannst du dabei bereits unbekannte Begriffe und wichtige Textstellen markieren. Unterstreiche nicht zu viel, nur wesentliche Begriffe, Schlüsselsätze oder Definitionen, in Ausnahmefällen auch einmal besonders wichtige Zitate. Kennzeichne am Rand zentrale Stellen, unklare Passagen und wo sich Querverbindungen innerhalb des Textes oder zu anderen Informationsquellen ergeben. Verwende dazu einfachheitshalber Kürzel, die du nach Belieben gestalten kannst.

!	wichtig
!!	besonders wichtig
?	unklar
Z !	wichtiges Zitat
→ S. x	Querverbindung zu Zeile/Seite x
B ?	(Anwendungs-)Beispiel suchen
E ?	Definition, Erklärung finden
♦	Kopieren
bla	unwesentlich/überflüssig

- **Kläre die Bedeutung wichtiger Begriffe oder Fremdwörter!**
  Lassen sich bestimmte Wörter auch nach wiederholtem Lesen nicht aus dem Kontext erschließen, ziehe ein Nachschlagewerk oder eine kompetente Person zu Rate. In vielen Fällen wirst du auch im Internet fündig, wenn du den betreffenden Begriff als Suchstichwort eingibst.

- **Fasse die Inhalte einzelner Sinnabschnitte zusammen!**
  Im nächsten Arbeitsgang – falls du sehr geübt bist, auch innerhalb des vorher beschriebenen – versuchst du herauszufinden, wo sich im Text Sinnabschnitte ergeben. Kennzeichne diese. Ein Sinnabschnitt beginnt dort, wo ein neuer Gedankengang auftaucht, wobei dies nicht unbedingt mit dem Beginn eines neuen Absatzes zusammenfallen muss. Fasse den Inhalt eines Sinnabschnittes nun am Rand des Textes in Form eines Schlüsselbegriffs oder Schlagworts oder auch durch einen kurzen Satz zusammen.
  Hier siehst du einen schwierigen Text aus einem Erdkundelehrbuch. Für die spätere Erstellung eines Exzerpts wurden darin wichtige Textpassagen markiert, Sinnabschnitte gekennzeichnet und deren Inhalte in Form von Randstichworten zusammengefasst:

Forschungsprojekt Atmosphäre und Klima

M 211.2
Stockwerkbau der Atmosphäre (abgeleitet aus dem typischen vertikalen Temperaturverlauf)

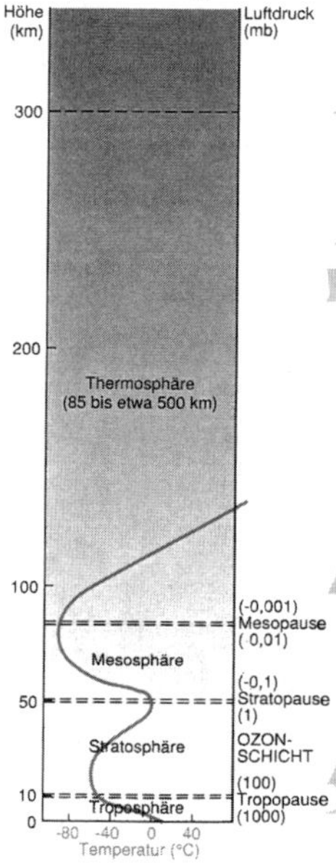

1. Ozonloch und Ozonsmog

In der Stratosphäre wird der größte Anteil der für Menschen, Tiere und Pflanzen schädlichen ultravioletten Strahlung der Sonne herausgefiltert. Dies geschieht durch das Ozon; es ist ein Molekül, das aus drei Sauerstoffatomen besteht (O_3). Etwa 90 % der Gesamtmenge des Ozons befinden sich in der oberen Stratosphäre. Die kurzwellige UV-Strahlung der Sonne bewirkt, dass aus molekularem Sauerstoff (O_2) das Ozon (O_3) gebildet wird, die energiereiche Modifikation des Sauerstoffs. Ein Teil der UV-Strahlung wird absorbiert, ein Teil der Energie in Wärme umgewandelt. Der Ozongehalt unterliegt entsprechend der eingestrahlten Sonnenenergie geringen regionalen und saisonalen Schwankungen. Er ist von Natur aus über den Polargebieten im Spätwinter der jeweiligen Halbkugel am geringsten, vor allem über der Antarktis, die wesentlich niedrigere Temperaturen aufweist als die Arktis.

Seit den Achtzigerjahren wird eine fortschreitende Abnahme des stratosphärischen Ozons über der Antarktis obachtet. Es konnte nachgewiesen werden, dass die Ursache dafür die Fluorchlorkohlenwasserstoffe (FCKW) sind. Bis vor einiger Zeit hielt man sie noch für umweltneutral. Sie gelangen wegen ihrer chemischen Trägheit im Laufe von rund 15 Jahren unverändert in die Stratosphäre. Dort werden sie von UV-Strahlen „beschossen" und gespalten. Dabei entstehen Chloratome und diese verwandeln das Ozon in zweiatomige Sauerstoffmoleküle: Die Ozonschicht wird abgebaut, zerstört.

Überwiegend in den Industrieländern der Nordhalbkugel werden jedes Jahr die rund 700 000 Tonnen FCKW produziert, die inzwischen auch an der Ausdünnung des Ozongehalts über der Arktis „arbeiten". Dies besagen die Ergebnisse des Ozonforschungsprogramms, das die EU eingeleitet hat. Nicht nur durch Satelliten, auch durch Ballonaufstiege wird die chemische Zusammensetzung der Atmosphäre laufend untersucht.

Durch die Ausdünnung des Ozonschleiers befürchtet man nicht nur eine verstärkte Verbreitung von Hautkrebs bei Mensch und Tier, sondern vor allem eine Veränderung des Erbguts bei Pflanzen und Tieren. Die stärkere UV-Strahlung soll auch eine der Ursachen für Waldschäden und Waldsterben sein.

Filterwirkung des Ozons

Entstehung stratosphärischen Ozons

Saisonale Schwankungen des O_3-Gehalts

Fortschreitender Ozonabbau seit den 80ern

Ozonkiller Nr. 1: Nördliche Industrieländer

(Gesundheits-) schädigende Folgen

- **Fertige einen Textauszug auf Grundlage deiner Anmerkungen an!**
  Bringe die Schlüsselwörter, die du am Rand notiert hast, in eine logische Reihenfolge – in den meisten Fällen kannst du die Reihenfolge des Originaltextes übernehmen. Ergänze diese durch wichtige Informationen, die du während des detaillierten Lesens markiert hast. Das Ergebnis sollte ein Gedankengerüst darstellen, mit dessen Hilfe du die Textinformationen später rekonstruieren kannst. Es sollte so ausführlich sein, dass eine Person, welche den Originaltext nicht gelesen hat, sich ein Bild über alle darin enthaltenen, wesentlichen Informationen machen kann. Allerdings sollte er nicht eine verkürzte Abschrift darstellen. Dies ist nicht der Sinn eines Exzerpts und wäre viel zu zeitaufwändig.

Ozonloch und Ozonsmog

Entstehung und Filterwirkung stratosphärischen Ozons

Kurzwellige UV-Strahlung verwandelt molekularen Sauerstoff (O_2) in Ozon (O_3).
90 % des O_3 in der Stratosphäre
⇒ Schutzwirkung gegen schädliche UV-Strahlung.

Saisonale Ozon-Schwankungen

Stratosphärischer O_3-Gehalt gemäß Sonneneinstrahlung schwankend.
Im Spätwinter in Polarregion am niedrigsten.

Fortschreitender Ozon-Abbau seit den 80ern

Unter Einfluss von FCKW chemische Umwandlungsprozesse:
$O_3 \rightarrow O_2$ ⇒ Abbau der Ozonschicht.
Chemisch träges FCKW gelangt innerhalb von 15 Jahren unverändert in die Stratosphäre.

Haupt-FCKW-Produzenten

Nördliche Industrieländer ca. 700 000 t FCKW/Jahr
⇒ Ausdünnung über Arktis.

(Gesundheits-)schädigende Wirkungen

Evtl. Hautkrebs, Genmutationen, Waldschäden

Den Gedanken Flügel verleihen – Referate, Textentwürfe, Aufsätze entwickeln

„So ein dämliches Thema!“ – Du legst die Stirn angestrengt in Falten und kaust lustlos auf deinem Stift herum. Nichts geht! Die Inspiration will dich einfach nicht beflügeln! Selbst wenn es gar nicht danach aussieht – du hast auch in solchen Momenten mehr brauchbare Ideen im Kopf, als dir bewusst ist. Es geht nur darum, deinem Gedankenfluss ein klein wenig Geburtshilfe zu leisten. Orientiere dich nicht gleich zu Anfang an einem mustergültigen Endprodukt, sondern gehe schrittweise vor:

- **Entspanne dich!**
  Setze dich nicht selbst unter Druck. Erwarte keinen besonders tollen Aufsatz oder ein perfektes Referat von dir. Mach es dir erst einmal gemütlich, lege deine Lieblingsmusik auf, hole dir eine Tasse Tee. Voraussetzung hierfür ist allerdings, dass du deine Arbeit nicht in der letzten Minute in Angriff nimmst und genügend Zeit hast, damit sich deine Ideen in Ruhe entfalten können.

- **Notiere alle Gedanken, die dir spontan zum Thema einfallen!**
  Man nennt diesen Vorgang Brainstorming. Ganz wichtig ist, dass du nicht sofort jede Idee im Hinblick auf ihre Brauchbarkeit bewertest. Mancher anfangs abwegig erscheinende Gedanke entpuppt sich später als besonders peppige Einleitung oder als passabler Schluss. Notiere auch Fragen, die du dir zum betreffenden Thema stellst oder Gesichtspunkte, über die du gerne mehr wissen würdest. ***Mind map:*** In dieser Phase kommt es darauf an, deine oft blitzartig und ungeordnet auftauchenden Assoziationen so rasch wie möglich festzuhalten. Eine dafür geeignete Methode ist das Zeichnen eines *mind map*. In der Mitte eines großen Blattes notierst du in einem Kreis den zentralen Begriff deines Themas, z. B. „Regenwald“. Dieser stellt den Mittelpunkt, die „Sonne“ deines Gedanken-Universums dar. Von ihr gehen Strahlen aus, die in weiteren kreisförmigen Lichtpunkten münden, blitzartig aufleuchtende Assoziationen wie „Tropenklima“. Setze dieses Verfahren beliebig fort bis eine netzartige Struktur entsteht:

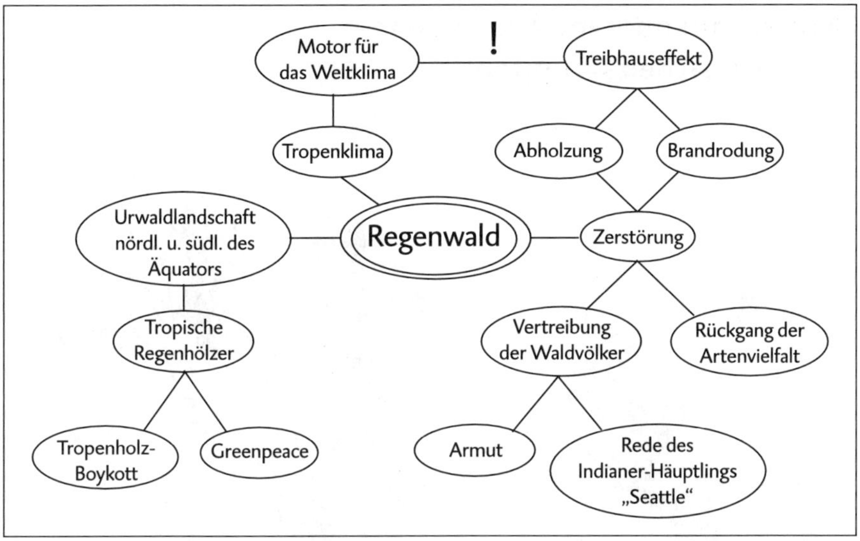

- **Hole dir Anregungen im Gespräch!**
  Im Austausch mit anderen stoßen wir häufig auf Aspekte, die wir bisher außer Acht gelassen haben. Fragen, die sich im Gespräch auftun, befruchten deine Arbeit oder nehmen mögliche Fragen deiner späteren Hörer oder Leser vorweg. Dabei muss dein Gesprächspartner nicht besonders kompetent sein. Manchmal zwingen dich gerade unvoreingenommene Betrachter, schwierige Aspekte zu überdenken und präziser zu formulieren.

- **Beschaffe dir Informationen zu den einzelnen Stichworten!**
  Beim anfänglichen Brainstorming bist du sicher auf Aspekte gestoßen, zu welchen du weitere Informationen benötigst. Besorge dir das nötige Material.

- **Bringe deine gesammelten Ideen in eine vorläufige Ordnung!**
  Untersuche deine gesammelten Ideen nun auf ihre Brauchbarkeit und bringe sie in eine schlüssige Abfolge, erstelle eine Gliederung. Diese muss noch keinen endgültigen Charakter besitzen, denn oft ergibt sich während der Ausarbeitung eine Änderung. Eine Gliederung ist jedoch unverzichtbar, um den roten Faden nicht aus den Augen zu verlieren.

- **Arbeite deine Gliederung aus!**
  Beim Ausformulieren der einzelnen Gliederungspunkte musst du nicht der Reihe nach vorgehen. Meist ergibt sich aus der Bearbeitung eines leichteren Aspekts die Überleitung zu weiteren Gliederungspunkten.

Gemeinsam oder im Alleingang? – Lernen in Arbeitsgruppen

Mit der Unterstützung durch eine Arbeitsgruppe lässt sich manches leichter bewältigen. Zum optimalen Lernen in der Gruppe müssen jedoch eine Reihe von Regeln vereinbart und eingehalten werden, um wenig effektiven Plauderstündchen vorzubeugen.

Einsam im stillen Kämmerlein über den Prüfungsunterlagen zu brüten ist nicht jedermanns Sache. Manchmal ist der Zuspruch und die moralische Unterstützung anderer nötig, um die eigenen Probleme oder Befürchtungen zu relativieren. Hier bietet organisiertes Lernen in Arbeitsgruppen viele Vorteile. Im Austausch mit Gleichgesinnten wird die eigene Darstellungs- und Redefähigkeit geschult, die Diskussion hilft neue Aspekte zu entdecken – eine gute Übung für mündliche Prüfungen! Die Stofffülle kann arbeitsteilig bewältigt werden. Außerdem kapieren vier oder fünf Köpfe in der Regel mehr als einer. Doch die Arbeit in Lerngruppen muss gut geplant und organisiert werden:

- **Eine Lerngruppe sollte höchstens vier bis fünf Teilnehmer umfassen!** Erfahrungsgemäß ist das Arbeiten in noch größeren Gruppen wenig effektiv. Zu viele Teilnehmer reduzieren die Zeit, die dem Einzelnen zur Verfügung steht und erfordern eiserne Disziplin in der Gesprächsführung und Terminplanung.

- **Die Teilnehmer sollten unterschiedliche Fähigkeiten mitbringen!**
  Meist funktionieren die Arbeitsgruppen am besten, in denen die Begabungen der einzelnen Teilnehmer breit gestreut sind und sich gegenseitig ergänzen.

- **Voraussetzung für effektives Arbeiten ist das Aufstellen eines verbindlichen Termin- und Arbeitsplanes!**
  Noch vor Beginn der eigentlichen Lernsitzungen sollte sich die Gruppe darauf einigen, wann welcher Stoff thematisiert wird. So arbeitet die Gruppe gezielt und effektiv an der Bewältigung des Lernstoffs.

- **Jeder Teilnehmer bereitet sich auf alle Gruppentermine vor!**
  Man trifft sich, um über einen schwierigen Lehrbuchtext zu diskutieren, doch nur zwei Lerngruppenmitglieder haben den Text gelesen. Es ist kein Wunder, wenn sich gut vorbereitete vor den Kopf gestoßen fühlen! Wertvolle Zeit wird verschleudert. Damit die Gruppentermine optimal genutzt werden können, sollte sich jeder auf die vereinbarte Aufgabe vorbereiten.

- **Für jede Sitzung wird ein Gesprächsleiter bzw. Moderator bestimmt!**
  Dieser legt die Reihenfolge der zu behandelnden Themen, die Tagesordnung, fest und sorgt für deren Einhaltung. Ferner ist es seine Aufgabe, auf eine faire Gesprächsführung zu achten. Er sorgt dafür, dass die Teilnehmer gleichberechtigt zu Wort kommen und nicht wahllos durcheinander reden.

- **Große Stoffmengen lassen sich durch Arbeitsteilung leichter bewältigen!**
  Ist umfangreicher Lernstoff zu bearbeiten, können die einzelnen Teilnehmer sich durch Arbeitsteilung gegenseitig entlasten. Dazu muss vorher genau festgelegt werden, wer welchen Themenbereich übernimmt und in welcher Form dieser den übrigen Gruppenteilnehmern vermittelt wird.

- **Unterlagen müssen informativ und übersichtlich gestaltet werden!**
  Werden bestimmte Themengebiete arbeitsteilig erarbeitet, müssen Zusammenfassungen, Exzerpte und Referate, die den übrigen Teilnehmern das Studium der Originaltexte ersparen sollen, alle relevanten Informationen enthalten. Sie dürfen weder zu knapp, noch zu ausführlich gehalten sein.

Dein Können auf dem Prüfstand: Prüfungen erfolgreich meistern

Gut geplant, ist halb gewonnen! – Prüfungsvorbereitung

Der Stoffberg, den du für die Prüfung bewältigen musst, lässt sich nur in gut geplanten Etappen und mit ausreichendem vorherigen Training bewältigen. Beginne rechtzeitig mit der Planung und Vorbereitung!

Prüfungen bedeuten nicht nur einen erhöhten Arbeitsaufwand, sondern für die meisten Schüler auch eine seelische Belastung. Daher neigen viele dazu, das unangenehme Ereignis Prüfung erst einmal weit von sich zu schieben. Rückt der Prüfungstermin näher, wird der Stoffberg auf den letzten Drücker angegangen. Dies führt wiederum zu einem akuten Zeitmangel, was sich nachteilig aufs Lernen auswirkt. Büffeln unter extremem Druck ist aus lernpsychologischer Sicht wenig sinnvoll. Erfolgversprechender ist eine langfristige, systematische Prüfungsvorbereitung:

- **Informiere dich genauestens über die Anforderungen der Prüfung!**
  Der erste wichtige Schritt in der Prüfungsvorbereitung ist die Beantwortung der Fragen: Welche Inhalte werden geprüft? Welche Themen(bereiche) können abgefragt werden? Wie viel Zeit steht zur Verfügung? Welches Gewicht hat die Prüfung in der Berechnung der Noten? In der Regel werden dir deine Lehrer genaue Auskünfte über die vorzubereitenden Stoffgebiete geben. Bei gezielter Nachfrage geben sie dir eventuell Hinweise, welcher Stoff besonders prüfungsrelevant ist.

- **Beginne rechtzeitig mit der Vorbereitung!**
  Kalkuliere für das Lernen ausreichend Zeit ein, sodass du dir den Stoff ohne allzu großen Druck aneignen kannst. Erstelle am besten einen genauen Lern- und Zeitplan, damit du stets den Überblick behältst, welche Stoffe du bis wann durchgearbeitet haben willst, bzw. bereits bearbeitet hast. Am Ende dieses Kapitels findest du dazu einen Vordruck.

- **Kalkuliere Zeitreserven ein!**
  Durch unerwartete Ereignisse wie Krankheit, unangekündigten Besuch oder ganz einfach einen Durchhänger kann dein Zeitplan mit einem Mal völlig auf den Kopf gestellt werden. Damit in solchen Fällen keine unnötige Panik aufkommt, baue im voraus Puffer ein – Tage, die du dir zunächst völlig frei von Lernvorsätzen hältst und auf die du im Notfall zurückgreifen kannst.

- **Achte während des Lernens auf ausreichende Verarbeitungs- und Erholungspausen!**
  Vermeide Lernmarathons, auch wenn die Versuchung groß ist. Ein solches Lernverhalten birgt die Gefahr, dass es durch Überlagerung von Inhalten im Gehirn zu einem heillosen Durcheinander und während der Prüfung zum gefürchteten Blackout kommt.

- **Lege am Tag vor der Prüfung eine Lernpause ein!**
  Du beherrschst den Stoff wesentlich sicherer, wenn du deinem Gedächtnis ausreichende Speicher- und Verarbeitungsphasen gönnst. Deshalb lege einen Tag vor der Prüfung ganz bewusst eine Lernpause ein. Reserviere dir einen Teil der Zeit für eine kurze Wiederholung, aber eigene dir keinesfalls neuen komplexen Stoff an! Bereite alle nötigen Arbeitsmaterialien für die Prüfung vor, sodass du am Prüfungstag nicht hektisch nach fehlendem Gerät, einem Geodreieck oder Stiften, suchen musst.

- **Lerne mehrkanalig!**
  Erinnere dich an die vier Grundpfeiler des Lernens: Strukturieren, Assoziieren, Visualisieren, Wiederholen. Versuche auch unter Druck die vier Methoden der Aneignung zu berücksichtigen. Dies kostet zwar etwas mehr Zeit, jedoch bleiben die Lerninhalte auf diese Weise wesentlich besser im Gedächtnis gespeichert.

- **Gehe vom Ganzen zu den Teilen!**
  Verschaffe dir zunächst einen Überblick über das betreffende Thema. Dies kannst du vielfach mithilfe eines aktuellen Lexikonartikels tun, der die wesentlichen Strukturen vorgibt. Zu vielen natur- und geisteswissenschaftlichen Themen gibt es in öffentlichen Bibliotheken Jugendsachbücher, die einzelne Stoffgebiete sehr anschaulich und übersichtlich darstellen (z. B. Gerstenberg, ars edition). Ziehst du das Internet zurate, solltest du dich auch hier nicht auf die nächstbeste Darstellung stürzen, sondern zunächst eine Übersicht gewinnen.

- **Wiederhole den Stoff in sinnvollen Abständen!**
  Wichtig ist hier die erste Gesamtwiederholung am Tag der Aneignung. Sie wird von vielen Schülern außer Acht gelassen. Doch gerade diese erste Wiederholung bringt besonderen Nutzen, da sie den steilen Wissensabfall innerhalb der ersten 24 Stunden rapide bremst. Achte während des Wiederholens auch darauf, den Stoff zu verbildlichen.

- **Gönne dir nach getaner Arbeit eine Belohnung!**
  Hast du dein vorgesehenes Arbeitspensum erledigt, belohne dich mit einer angenehmen Beschäftigung. Treffe Freunde, gehe ins Kino, treibe Sport . Auf keinen Fall solltest du die Zeit der Prüfungsvorbereitung nur als trostlosen, einsamen Paukmarathon erleben. Verlasse hin und wieder den Schreibtisch – das wirkt Wunder und gibt neue Kraft fürs Arbeiten!

- **Feiere Prüfungserfolge, werte Misserfolge aus!**
  Quäle dich nach unmittelbar überstandener Prüfung nicht mit Gedanken wie „Das hätte ich noch schreiben müssen!“ oder „Das hätte ich besser machen können!“. Die Prüfung ist erst einmal vorbei und das ist Grund genug zum Ausruhen oder Feiern. Später ist es jedoch wichtig, gezielt an Fehlern zu arbeiten, wenn du mit deinem Ergebnis nicht zufrieden bist. Vielleicht kannst du aus deinen Schwierigkeiten, Verbesserungen für die Vorbereitung auf die nächsten Prüfungen ableiten.

Kopiere den Plan und trage ein, wie viel Zeit du für die jeweiligen Schritte benötigst.

Gelassen in die Prüfung: Tipps zum Umgang mit Nervosität und Prüfungsangst

So gelassen in einer Prüfung sitzen zu können, wünscht sich jeder. Auch wenn du ein prüfungsängstlicher Typ bist, kannst du deine Nervosität durch eine Reihe von Maßnahmen in den Griff bekommen.

Faktoren wie ein negatives Selbstbild, persönliche Misserfolge, Angst vor Versagen, Leistungsdruck und Konkurrenzdenken in der Schule bestimmen maßgeblich die Art und Weise, wie wir eine Prüfungssituation erleben. Während der eine die Testsituation als persönliche Herausforderung erfährt, löst sie bei dem anderen Angstgefühle aus. Starke Nervosität oder gar Angst führen jedoch in der Regel zu einer Minderung geistiger Leistungen und erschweren es, mit ruhiger und sicherer Hand zu arbeiten. Mit den angeführten Tipps kannst du Nervosität und Angstgefühle in Grenzen halten. Bei sehr starker Prüfungsangst solltest du dich allerdings besser an einen Psychologen wenden.

- **Gestatte dir Aufregung!**
  Ein gewisses Maß an Nervosität und Angst ist normal und sogar der Leistung förderlich! Untersuchungen ergaben, dass die besten Ergebnisse bei einem mittleren Erregungsniveau erbracht werden.

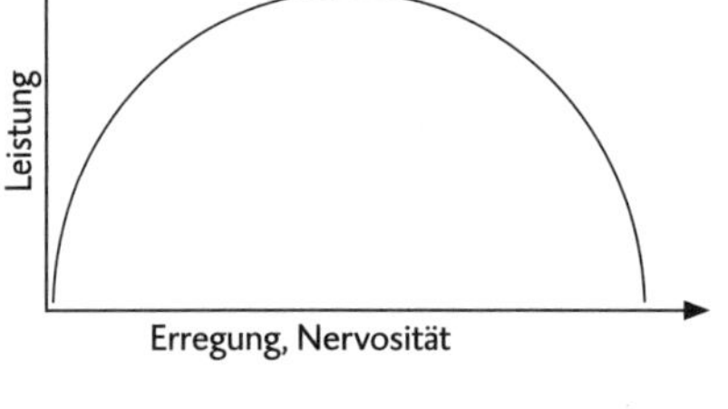

Zwischen Erregung und Leistung besteht eine umgekehrt u-förmige Beziehung. Die besten Leistungen erbringen wir bei einem mittleren Maß an Erregung bzw. Nervosität.

- **Bereite dich ausreichend vor!**
  Die beste Vorbeugung gegen ein Scheitern in der Prüfung ist noch immer eine solide Vorbereitung. Neigst du zur Prüfungsängstlichkeit, solltest du dich nicht zusätzlich durch das Gefühl belasten, zu wenig gelernt zu haben. Vorsicht ist allerdings auch vor übertriebenem Perfektionismus geboten. Manche Schüler berichten, aus Versagensangst gar nicht mehr mit dem Lernen aufhören zu können. Hier hilft nur ein strikter Arbeitsplan, der auch ausreichende Ruhe- und Erholungsphasen beinhaltet.

- **Blende Negativerwartungen konsequent aus!**
  Vorstellungen haben die Tendenz, sich zu realisieren. Wenn du dir ständig einredest „Ich schaffe das nicht!“, „Ich schneide sowieso schlecht ab!“ oder „Ich habe immer versagt!“, brauchst du dich nicht zu wundern, wenn solche Befürchtungen in Erfüllung gehen. Übertriebene Angst ist ein schlechter Erfolgsmotor! Versuche stattdessen, positive Erwartungen zu formulieren: „Ich gebe mein Bestes und werde das schon schaffen!“

- **Lass dich nicht von der Panik anderer anstecken!**
  Tendierst du ohnehin zu Aufregung oder Nervosität, meide den Umgang mit Panikmachern. Je umfassender der Stoff ist, den du bewältigen musst, desto größer ist auch die Wahrscheinlichkeit auf ein Gebiet zu stoßen, worin du dich nicht einhundertprozentig auskennst. Niemand kann überall Bescheid wissen, darum habe auch ein wenig Mut zur Lücke.

- **Spiele die Prüfungssituation in deiner Vorstellung durch!**
  Auch Hochleistungssportler nützen dieses so genannte mentale Training mit Erfolg. Die exakte Vorstellung von bestimmten Bewegungsabläufen hat einen ähnlich positiven Effekt wie das reale Training. Eine Prüfung lässt sich leichter bewältigen, wenn du die Situation vorher mental – und zwar im Sinne einer Erfolgsfantasie durchspielst.

  Der Ernstfall im Kopf – Mentale Prüfungsvorbereitung:
  Wichtig ist, dass du die folgende Übung in entspanntem Zustand durchführst. Lehne dich mit geschlossenen Augen bequem in einem Sessel zurück. Stelle dir nun die Prüfungssituation möglichst anschaulich, in allen Details vor.

  Du betrittst den Raum, in dem die Prüfung stattfindet:
  Du nimmst seine Ausstattung, die Sitzordnung, den typischen Geruch wahr.

  Du siehst die anwesenden Personen:
  Andere Anwesende siehst du, lässt dich aber von ihnen nicht ablenken.

Die Prüfungsaufgaben werden ausgeteilt:
Du drehst das Angabenblatt um, überfliegst es zunächst grob und liest dann alle Aufgaben sorgfältig durch. Du entscheidest dich nach zügiger, aber sorgfältiger Prüfung für eine sinnvolle Bearbeitungsreihenfolge.

Du arbeitest erfolgreich an den Prüfungsaufgaben:
Du bist ruhig und konzentriert. Vereinzelt auftretende Schwierigkeiten bringen dich kurzzeitig aus der Ruhe. Doch du weißt, Aufregung ist gestattet und verfliegt in der Regel von selbst. Unterstütze dies, indem du tief einatmest. Eventuelle Fehler korrigierst du und arbeitest dann konzentriert weiter. Du kommst weitgehend problemlos voran und mit der Zeit gut zurecht.

- **Trainiere den Ernstfall!**
  Simuliere eine Prüfung am besten anhand bereits gestellter Prüfungsaufgaben. Auf diese Weise bekommst du nicht nur ein Gefühl für die Aufgabenschwierigkeit, sondern auch für die zur Verfügung stehende Zeit. Wichtig ist es, die Prüfungsbedingungen genau nachzustellen.

- **Lege eine Ruhephase vor der Prüfung ein!**
  Lernen bis unmittelbar vor der Prüfung ist aus lernpsychologischer Sicht nicht ratsam. Besonders, wenn du kurz vorher noch neuen Stoff büffelst, ist die Gefahr der Überlagerung von zuvor Gelerntem groß. Besser ist es, wenn Lerninhalte sich setzen können, d. h. wenn du deinem Gehirn ausreichende Verarbeitungszeiten gönnst.

- **Vergiss das Leben außerhalb der Schule nicht!**
  Eine Prüfung ist nicht alles im Leben. Deshalb sorge dafür, dass du auch während der Vorbereitung deine Kontakte nicht völlig vernachlässigst und dir hin und wieder angenehme Aktivitäten gönnst. Gemeinsame Unternehmungen und der Austausch mit anderen bringen dich auf andere Gedanken, du tankst neue Energie zum Arbeiten.

Brett vorm Hirn: Maßnahmen gegen Blackout

Wenn alles wie weggeblasen ist, gilt es, trotz allem einen kühlen Kopf zu bewahren. Nach einiger Zeit kommen deine grauen Zellen nämlich mit Sicherheit wieder in Gang!

Ein Blackout ist mit einem Kurzschluss im Gehirn vergleichbar. Erregungsimpulse werden in unserem Nervensystem teils auf elektrischem, teils auf biochemischen Wege übertragen. Chemische Substanzen, so genannte Transmitter oder Botenstoffe, werden unter Stresseinwirkung gehemmt. Das Ergebnis ist eine Denkblockade, der gefürchtete Blackout. Wie du damit umgehen kannst und was du tun kannst, um die Wahrscheinlichkeit seines Auftretens zu vermindern, erfährst du im Folgenden:

- **Vermeide alles, was deine Nervosität vor der Prüfung zusätzlich steigert!** Aufputschende Getränke wie starker Kaffee oder Tee, Aufputschmittel, Schlafmangel, Raumsuche in letzter Sekunde, das Besorgen von Arbeitsmaterialien oder Schließen von Lücken auf den allerletzten Drücker, ein beunruhigendes Gespräch mit einem Panikmacher auf der Schwelle des Prüfungsraumes solltest du umgehen. Solche Faktoren können die Tendenz, sich in selbstschädigender Weise in regelrechte Panik hineinzusteigern, noch verstärken. Sorge dafür, dass du gut ausgeruht und mit dem Gefühl, alles Wichtige erledigt zu haben zur Prüfung antrittst!

- **Akzeptiere aufsteigende Nervosität!**
  Das ist sicher nicht so einfach, wie es klingt. Doch Aufregung verstärkt sich durch die Angst vor der Angst u. U. so, dass es dadurch zu einer Denkblockade kommt. Wenn dein Organismus sich bereits im Alarmzustand befindet, genügt häufig ein Quäntchen an zusätzlicher Aufregung, um das Fass zum Überlaufen, also deine Synapsen zum Durchdrehen zu bringen. Die regelrechte Überflutung mit Stresshormonen, könnte dann nicht mehr gebremst werden. Die Folge wäre ein Blackout. Versuche deshalb, deine Nervosität zu akzeptieren und nicht krampfhaft gegen sie anzukämpfen.

- **Denke an Situationen, in welchen du dich rundum wohl gefühlt hast!**
  Steigert sich die Aufregung während der Prüfung, atme dreimal tief durch und erinnere dich an besonders angenehme persönliche Erlebnisse! Vielleicht empfindest du die Wärme eines besonders lieben Menschen, fühlst das flauschige Fell deines Lieblingshaustiers oder riechst den Duft einer herrlichen Blume. Durch diesen psychologischen Trick entspannt sich dein Körper und die Ausschüttung von Stresshormonen wird gebremst.

- **Entspanne dich mittels vorher eingeübter Techniken!**
  Bist du ein sensibler Typ, der sich alles sehr zu Herzen nimmt, empfiehlt sich das Erlernen eines Entspannungsverfahrens wie etwa das Autogene Training oder die Progressive Muskelentspannung. Derartige Kurse bieten vielfach örtliche Volkshochschulen und Gesundheitsämter an. Kurze Entspannungsübungen kannst du durchaus auch selbst trainieren.

- **Mach dir bewusst, dass ein Blackout vorüber geht!**
  Sollte tatsächlich eine Denkblockade eintreten, bedeutet dies nicht das Ende. Ein Blackout dauert meist nur wenige Sekunden, selbst wenn es dir subjektiv viel länger erscheinen mag. Versuche Ruhe zu bewahren und nicht in – unkontrollierbare – Panik zu geraten. Atme bewusst tief durch und probiere es mit einer Entspannungstechnik oder einer positiven Vorstellung. Häufig entsteht Panik angesichts einer unlösbar erscheinenden Aufgabe. Versuche deshalb noch einmal ganz nüchtern über mögliche Lösungswege nachzudenken. Kannst du die Aufgabe wirklich nicht meistern, gehe zur nächsten über!

Power tanken (benötigte Zeit: 1 – 5 Minuten)

Die folgende Form der Kurzentspannung kannst du an jedem beliebigen Ort, also auch während einer Prüfung durchführen. Mache es dir dazu auf deinem Stuhl, Bett oder einem gemütlichen Sessel bequem. Befreie dich von einengenden Schmuck- oder Kleidungsstücken. Schließe die Augen:

- Erinnere dich an eine Situation, in der du dich so richtig wohl gefühlt hast – rundherum wohl!
- Versetze dich in diese Situation, als wäre sie Gegenwart.
- Male sie dir ganz deutlich vor deinem inneren Auge aus. Siehst du deine Erinnerung wie eine Szene auf einem Foto oder ist sie bewegt wie in einem Film, in dem du Schauspieler bist?
- Siehst du dich von außen, als ob du ein Foto betrachtest oder bist du mitten im Geschehen?
- Was kannst du um dich herum wahrnehmen?
- Ist außer dir noch jemand anwesend?
- Was hörst du in dieser wohltuenden Situation? Stimmen, Töne, Geräusche aus der Natur? Sind diese Geräusche eher laut oder leise?
- Kannst du auch etwas riechen oder nimmst du einen bestimmten Geschmack wahr?
- Genieße dein körperliches Wohlempfinden in dieser angenehmen Situation!
- Spüre genau nach, wo und wie du persönlich dieses wohltuende Gefühl wahrnimmst!
- Kehre nun langsam in die Gegenwart zurück und nimm etwas von diesem Wohlempfinden mit.

Der große Tag – Verhalten in der schriftlichen Prüfung

Prüfungen gehören für die meisten Leute zu den angstbesetzten, unangenehmen Lebensereignissen. Versucht man trotzdem einen kühlen Kopf zu bewahren, lässt sich die Furcht vor der Prüfung zwar nicht vollständig ausschalten, jedoch die Wahrscheinlichkeit des Erfolgs wesentlich erhöhen.

Du stehst vor der Tür des Prüfungsraumes. In wenigen Minuten ist es soweit. Du wirst dein gesamtes Können unter Beweis stellen. Klar, in diesem Augenblick tröstet es dich wenig, dass Tausende andere vor dir es auch geschafft haben. Dennoch gilt es, ruhig Blut und trotz aller Nervosität den Überblick zu bewahren. Erinnere dich in der Prüfungssituation an folgende Ratschläge:

- **Lies zunächst die komplette Aufgabe in Ruhe durch!**
  Nimm dir Zeit, die verschiedenen Aufgabenstellungen zügig aber sorgfältig durchzulesen. Überlege dir dabei: „Habe ich die Fragestellung verstanden? Sind mir alle Begriffe klar?“ Wende dich im Zweifelsfall an deinen Lehrer oder die Aufsichtspersonen. Sie liefern manchmal wertvolle Hinweise – auch wenn sie nicht verpflichtet sind, Auskunft zu geben.

- **Lege eine Reihenfolge fest, in welcher du die Aufgaben bearbeiten willst!**
  Orientiere dich dabei an Schwierigkeit, vermuteter Bearbeitungszeit und Gewichtung der einzelnen Aufgaben, die du an der Punktzahl ablesen kannst. Lasse dich dabei nicht gleich durch einzelne unbekannte Begriffe, Fremdwörter oder schwierige Details verunsichern. Häufig wird dir beim wiederholten Durchlesen und Durchdenken klar, was gemeint ist.

- **Beginne mit einer Aufgabe, die dir leicht fällt!**
  Kannst du eine Frage beantworten, verschafft dir das ein Erfolgserlebnis. Nutze diesen Effekt und bearbeite zuerst eine leichte Aufgabe. Dies vermittelt dir Selbstsicherheit und die nötige Ruhe für schwierigere Aufgaben.

- **Setze dich nicht unter Erfolgsdruck!**
  Denkst du ständig nur daran „Ich muss die Note … schaffen“, ist es kein Wunder, wenn du dein Denken blockierst. Versuche stattdessen, deine Aufmerksamkeit ungeteilt dem Hier und Jetzt der Prüfung zuzuwenden.

- **Behalte die zur Verfügung stehende Zeit im Auge!**
  Kontrolliere – am besten nach Abschluss einer Teilaufgabe – wie du in der Zeit liegst. Im Falle akuter Zeitnot solltest du dich denjenigen Aufgaben widmen, die in der Bewertung stärker gewichtet werden. Es ist besser, einen Lösungsweg kurz zu skizzieren, als eine Aufgabe gar nicht zu bearbeiten. Auch darauf gibt es bereits Punkte, denke nur einmal an das Fach Mathematik!

- **Orientiere dich nicht am Arbeitstempo anderer!**
  Es kann sehr verunsichernd wirken, wenn dein Mitschüler bereits nach der Halbzeit mit einem siegessicheren Lächeln zum Pult schreitet und seine offensichtlich beendete Arbeit abgibt. Wie die anderen mit der Prüfung zurechtkommen, sollte dich im Augenblick nicht interessieren. Konzentriere dich ganz auf dich selbst und glaube an deinen Erfolg.

- **Treten Erinnerungslücken auf, versetze dich in die Lernsituation zurück!**
  Bestimmt ist es dir schon passiert, dass du etwas nicht aus dem Gedächtnis abrufen konntest, was du vor der Prüfung noch hundertprozentig wusstest. Hier hilft es häufig, wenn du dir die Umstände, unter welchen du dir den betreffenden Stoff angeeignet hast, genauestens vorstellst: deinen Arbeitsplatz oder Schreibtisch, deine Mutter beim Abfragen. Solche Einzelheiten aus deiner Lernumgebung werden nämlich während eines Lernprozesses unbewusst mitgelernt. Vergegenwärtigst du dir später eines dieser Details, ist häufig auch der gesuchte Lerninhalt wieder präsent.

- **Verzichte auf ein Aufsetzen vor der Reinschrift!**
  Erfahrungsgemäß kostet dies zu viel Zeit. Erstelle lieber eine etwas ausführlichere Gliederung zu den einzelnen Aufgaben, falls sich die Struktur der Antwort nicht ohnehin aus den Teilfragen ableitet. Halte zudem alles Wichtige stets **sofort** stichpunktartig auf einem Notizblatt fest.

- **Achte auf eine saubere, übersichtliche Darstellung!**
  Sie stimmt den Korrektor wohlwollend und erleichtert es, deine Gedanken nachzuvollziehen.

Geschickte Gesprächsführung

Den Kopf wird er dir ja nicht gleich abhacken! In der Regel sind auch Prüfer Menschen, die dir wohlgesonnen sind. Verstehst du es, durch solides Fachwissen und geschicktes Gesprächsverhalten zu punkten, kann kaum noch etwas schief gehen!

„Im Schriftlichen kann man sich wenigstens irgendwie durchmogeln – da fallen die Lücken nicht so auf! Aber in der mündlichen Prüfung, da kommt's gleich auf, wenn man nichts weiß!" Sicher ist diese Aussage einer Schülerin berechtigt. Auch in der mündlichen Prüfung ist fundiertes Wissen maßgeblich für den Erfolg! Andererseits bietet sie Gelegenheit, selbst steuernd in das Gespräch einzugreifen und bei einem entsprechenden Auftreten vielleicht auch ein klein wenig durch geschicktes Gesprächsverhalten zu bluffen. Ein Kolloquium überprüft nämlich nicht nur reines Fachwissen, sondern darüber hinaus die Fähigkeit zu einfühlsamem, flexiblem Gesprächsverhalten. Willst du in einem Prüfungsgespräch erfolgreich abschneiden, solltest du Folgendes beachten:

- **Gehe präzise auf die Fragen des Prüfers ein!**
  Überlege genau, bevor du deine Antwort formulierst: Welche Aspekte eines Themas schließt die gestellte Frage ein bzw. nicht ein? Was gehört zu einer umfassenden Antwort, was nicht? Allerdings solltest du mit deinen Ausführungen nicht zu lange auf dich warten lassen.

- **Frage nach, wenn dir das Anliegen des Prüfers unklar ist!**
  Hast du die Frage nicht genau verstanden, versuche dem Prüfer, mehr Informationen zu entlocken. Scheue dich nicht davor, ihn um eine Erläuterung zu bitten, am besten so: „Ich habe Ihre Frage so verstanden …" „Wenn ich Sie richtig verstehe …". In der Regel haben Prüfer Verständnis für die Nervosität des Prüfungskandidaten und bieten gerne kleine Hilfestellungen.

- **Beachte die nonverbalen Signale des Prüfers!**
  Erhältst du auf deine Antwort ein zustimmendes Nicken oder Lächeln, ist dies ein Zeichen dafür, dass du auf der richtigen Fährte bist. Siehst du deinen Lehrer jedoch skeptisch die Stirn runzeln oder den Kopf schütteln, ist deine Antwort noch einmal zu überdenken. Nutze diese Reaktionen des Prüfers als Hinweise, die dich entsprechend lenken können.

- **Mache die Gliederung deines Antwortbeitrages deutlich!**
  Ist eine Frage sehr umfassend oder allgemeiner Natur, musst du deine Antwort durch eine grobe Gliederung strukturieren. Der Prüfer erkennt dadurch, dass du Überblick über die im Thema enthaltenen Aspekte besitzt. Dies wirkt souverän und macht darüber hinaus deutlich, dass du in der Lage bist, die gestellte Frage umfassend zu beantworten und meist gibt sich der Prüfer mit der Ausführung einiger der genannten Gesichtspunkte zufrieden.

- **Blicke deinem Prüfer in die Augen!**
  Das Vermeiden von Blickkontakt wirkt unsicher und erschwert es dir zudem, auf die Reaktionen deines Gesprächspartners flexibel einzugehen. Ein ruhiger, offener Blick dagegen demonstriert Souveränität und Interesse.

- **Sprich laut und deutlich!**
  Nuschelst du, macht dies zum einen keinen sicheren Eindruck, zum anderen kann das Zuhören für dein Gegenüber sehr anstrengend sein. Bedenke, du bist nicht der einzige Prüfungskandidat! Dies erfordert vom Prüfer stundenlange Konzentration. Er ist dir daher sicher dankbar, wenn du gut artikulierst und das Gesagte durch eine ansprechende Mimik und Gestik unterstreichst.

- **Begründe deinen eigenen Standpunkt!**
  Mache deutlich, an welcher Stelle du Gelerntes wiedergibst und wo du eigene Positionen, Wertungen, Einstellungen formulierst: „Dies war ein Zitat …", „Ich bin jedoch der Meinung, dass …", „… den Gesichtspunkt … zu wenig berücksichtigt. Denn …".

Anhang

Selbstbeobachtungsbogen

Uhrzeit	Mo	U	Di	U	Mi	U	Do	U	Fr	U	Sa	U
8.00 – 8.30 8.30 – 9.00												
9.00 – 9.30 9.30 – 10.00												
10.00 – 10.30 10.30 – 11.00												
11.00 – 11.30 11.30 – 12.00												
12.00 – 12.30 12.30 – 13.00												
13.00 – 13.30 13.30 – 14.00												
14.00 – 14.30 14.30 – 15.00												
15.00 – 15.30 15.30 – 16.00												
16.00 – 16.30 16.30 – 17.00												
17.00 – 17.30 17.30 – 18.00												
18.00 – 18.30 18.30 – 19.00												
19.00 – 19.30 19.30 – 20.00												
20.00 – 20.30 20.30 – 21.00												
Tatsächliche Arbeitszeit												
Summe der Unterbrechungen												

Lernvertrag

Lernvertrag

Zwischen .... *(Name)* und meinem alter ego, alias „Innerer Schweinehund“, wird folgender Vertrag geschlossen:

1. Ich werde täglich / jeden zweiten Tag .... Minuten *(mindestens fünf, maximal 20 Minuten)* für das Fach / die Fächer .... arbeiten.

2. Im Fach / in den Fächern ....werde ich folgende Stoffe wiederholen / erarbeiten:
....
....
....
....

3. Bis zum bezeichneten Zeitpunkt werde ich folgende Stoffgebiete gezielt durcharbeiten:
Stoffgebiet .... *(genaue Bezeichnung)* bis zum .... *(Datum)*
Stoffgebiet .... *(genaue Bezeichnung)* bis zum .... *(Datum)*
Stoffgebiet .... *(genaue Bezeichnung)* bis zum .... *(Datum)*
Stoffgebiet .... *(genaue Bezeichnung)* bis zum .... *(Datum)*

4. Als Puffertag für unvorhergesehene Ereignisse, die mich an der Einhaltung der genannten Bedingungen hindern, reserviere ich .... Tage *(Anzahl der Puffertage, vgl. S. 10)*.

5. Nach Erledigung der unter **3.** genannten Ziele verpflichte ich mich für mindestens eine der im Folgenden genannten Aktivitäten *(bitte ankreuzen)*:

- ☐ Kinobesuch
- ☐ Schwimmbadbesuch mit Freunden
- ☐ gemütlicher Einkaufsbummel
- ☐ Sonstiges .... *(bitte eintragen)*

Selbstachtungsvoll

....
(Ort, Datum) *(Unterschrift)*

Der 4-Tage-Vorbereitungsplan

Vorbereitungsplan für die Klassenarbeit in		am	
1. Tag: Überblick verschaffen	**2. Tag:** Stoff gezielt aneignen	**3. Tag:** Wissen überprüfen	**4. Tag:** Gesamtwiederholung und Ruhephase
Trage alle zu lernenden Themenbereiche ein (Stoffliste):	Kennzeichne bereits gelernten Stoff mit einem Häkchen √	Markiere Stoff, den du noch nicht beherrschst mit einem Ausrufezeichen (!) und vertiefe ihn noch einmal!	Wiederhole konzentriert den gesamten Stoff aus Spalte 1! Vergiss die verdiente Erholung nicht!

Erläuterung des Experiments auf S. 7

Warum gefriert das heiße Wasser (ca. 90 °C) schneller als die gleiche Menge kalten Wassers? Die Antwort heißt Verdunstung. Bis zu 25 % des heißen Wassers gehen durch Verdunstung verloren. Dadurch wird der Vorgang des Gefrierens in zweifacher Hinsicht beschleunigt: Zum einen wird hierbei die Menge des zu gefrierenden Wassers reduziert, zum anderen verdunsten die energiereichsten Wassermoleküle und nehmen dabei Energie aus ihrer Umgebung auf. Durch den Prozess der Verdunstung sinkt also die Wassertemperatur – ein Kühlungseffekt, wie er uns beim Schwitzen zugute kommt. Das heiße Wasser überholt sozusagen das kalte beim Einfrieren. Dieses Experiment funktioniert allerdings nur, wenn die Gefäße aus gut isolierenden Materialien (nicht aus Metall) bestehen.

Erläuterung zu Abkürzungen im Wörterbuch

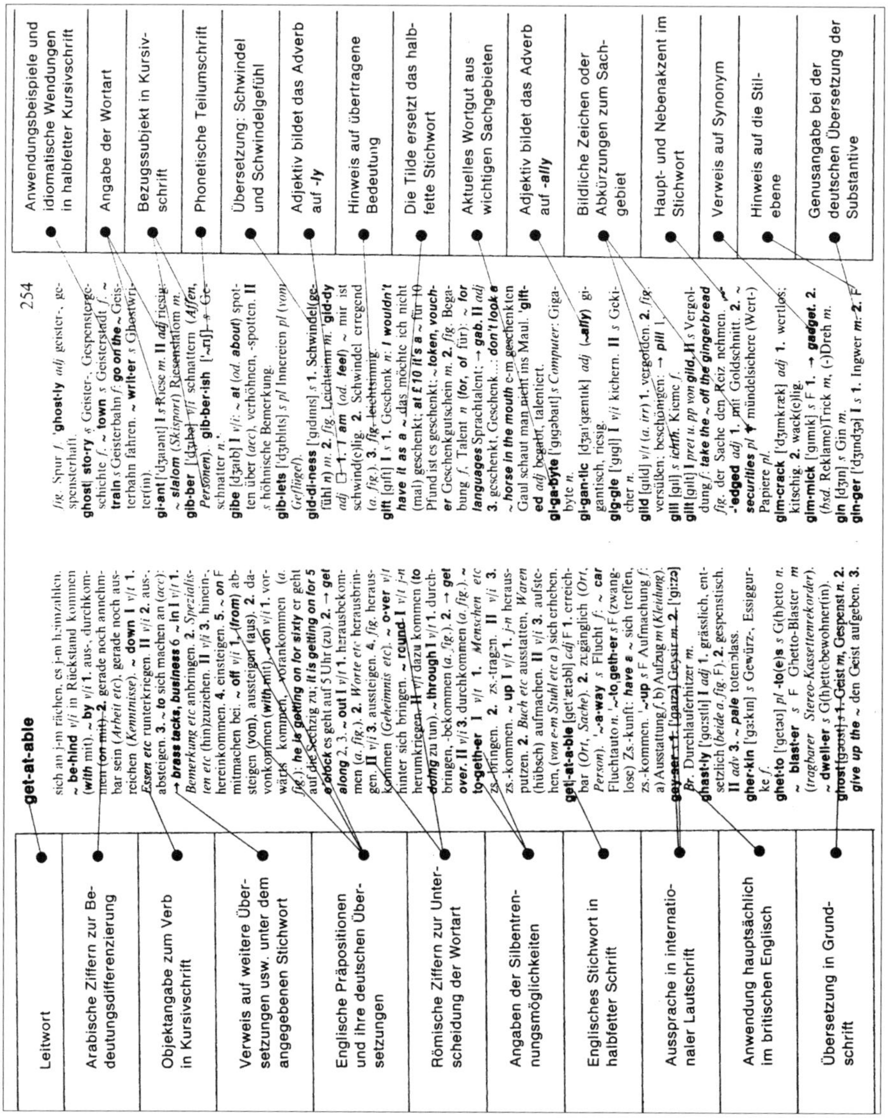

Literaturverzeichnis

Buzan, T.: Kopftraining – Anleitung zum kreativen Denken. München, Goldmann 1999.

Calvin, W. H.: Wie das Gehirn denkt – Die Evolution der Intelligenz. Heidelberg, Spektrum 1998.

Dennison, Paul und Gail E. Dennison: Brain Gym. Freiburg, VAK Verlags GmbH 1998.

Kossak, Hans-Christian: Studiertechniken – Lern- und Arbeitsbuch für Studierende. Bad Honnef, Verlag Karl Heinrich Bock 1986.

Langer, Inghard, Schulz von Thun, Friedemann und Reinhard Tausch: Sich verständlich ausdrücken. München, Ernst Reinhardt Verlag 1990.

Metzig, Werner und Martin Schuster: Lernen zu lernen. Berlin, Heidelberg, New York, Springer Verlag 1998.

Mindpower: Gedächtnistraining, Amsterdam, Time Life, 1994.

Parkin, Alan J.: Gedächtnis – Ein einführendes Lehrbuch. Weinheim, Beltz 1996.

Rico, L. Gabriele: Garantiert schreiben lernen. Hamburg, Rowohlt 1987.

Rubner, Jeanne: Was Frauen und Männer so im Kopf haben. München, dtv 1996.

Süddeutscher Rundfunk: Welt im Kopf. –Ein Kassettenmitschnitt der S2 Kultur Radio-Akademie. Stuttgart 1998.

Vester, Frederic: Denken, Lernen, Vergessen. München, dtv 1975.

Vitale, Barbara Meister: Lernen kann phantastisch sein. Offenbach, Gabal 1998.

Ihre Meinung ist uns wichtig!

Ihre Anregungen sind uns immer willkommen. Bitte informieren Sie uns mit diesem Schein über Ihre Verbesserungsvorschläge!

Titel-Nr.	Seite	Vorschlag

Bitte hier abtrennen

Zutreffendes bitte ankreuzen!

Die Absenderin/der Absender ist:

- ☐ Lehrer/in in den Klassenstufen: ____
- ☐ Fachbetreuer/in
  Fächer: ____
- ☐ Seminarlehrer/in
  Fächer: ____
- ☐ Regierungsfachberater/in
  Fächer: ____
- ☐ Oberstufenbetreuer/in
- ☐ Schulleiter/in
- ☐ Referendar/in, Termin 2. Staatsexamen: ____
- ☐ Leiter/in Lehrerbibliothek
- ☐ Leiter/in Schülerbibliothek
- ☐ Sekretariat
- ☐ Eltern
- ☐ Schüler/in, Klasse: ____
- ☐ Sonstiges: ____

Unterrichtsfächer: **(Bei Lehrkräften!)**

____

STARK Verlag
Postfach 1852
85318 Freising

13-V1M

Bitte ausfüllen und im frankierten Umschlag an uns einsenden. Für Fensterkuverts geeignet.

Kennen Sie Ihre Kundennummer?
Bitte hier eintragen.

Absender **(Bitte in Druckbuchstaben!)**

Name/Vorname

Straße/Nr.

PLZ/Ort

Telefon privat | Geburtsjahr

E-Mail-Adresse

Schule/Schulstempel **(Bitte immer angeben!)**

Bitte hier abtrennen

(Bitte blättern Sie um)